苏州印记

本册主编：吴 洪

本册副主编：王 莉　吴冰芳

本册编者：孔庆梅　王丽娜　黄 娟
　　　　　洪文婕　陈旗建　王卫星
　　　　　汤志敏　马嘉欣　陈益飞

苏州大学出版社

图书在版编目(CIP)数据

苏州印记 / 吴洪主编. —苏州：苏州大学出版社，2018.10（2019.9重印）

（"苏式"STEAM精品课程系列丛书 / 马建兴主编）

ISBN 978-7-5672-2612-8

Ⅰ.①苏… Ⅱ.①吴… Ⅲ.①科学知识-初中-教材 Ⅳ.①G634.71

中国版本图书馆CIP数据核字(2018)第227799号

苏州印记

吴 洪 主编

责任编辑 张 凝

苏州大学出版社出版发行

（地址：苏州市十梓街1号 邮编：215006）

虎彩印艺股份有限公司印装

（地址：东莞市虎门镇陈黄村工业区石鼓岗 邮编：523925）

开本 890 mm×1 240 mm 1/16 印张 8.75 字数 234 千
2018年10月第1版 2019年9月第5次印刷
ISBN 978-7-5672-2612-8 定价：38.00 元

苏州大学版图书若有印装错误，本社负责调换
苏州大学出版社营销部 电话：0512-67481020
苏州大学出版社网址 http://www.sudapress.com

编委会

丛书顾问：崔　鸿　严惠禹泓

丛书主编：马建兴

丛书副主编：周先荣　孙雅琴　吴　洪

执 行 编 委：张　凝

编　　　委：（按照姓氏笔画排序）

王　波　　王　健　　朱家华

许秋红　　李伟根　　张　云

张　琴　　张　锋　　陈　苇

陈　严　　陈有志　　陈海涛

罗天涛　　季忠云　　周　颖

项春晓　　唐晓辰　　解凯彬

时下，STEAM 教育在美洲、欧洲、亚洲等地大热，俨然已成为各大发达国家教育发展的趋势与潮流。STEAM 旨在加强关于科学、技术、工程、艺术以及数学的教育。在 STEAM 教育中，项目是组织形式，兴趣是驱动，知识是基础，素养与能力是关键。这对于创新人才的培养意义深远。

从"中国制造"走向"中国创造"，进而实现"中国智造"，STEAM 教育是基础教育阶段科技教育的重要启蒙，可以提高学生的科学素养和实践能力，是实现伟大中国梦的重要基础。2015 年 9 月初，教育部发布的《关于"十三五"期间全面深入推进教育信息化工作的指导意见(征求意见稿)》中就曾明确指出，建议学校"探索 STEAM 教育"。从国家层面来看，STEAM 目前已经进入我国国家课程标准之内。2017 年教育部印发的《义务教育小学科学课程标准》中，特别把 STEAM 教育列为新课程标准的重要内容之一。

STEAM 教育其实是基于标准化考试的传统教育理念的转型，它代表着一种现代的教育哲学，更注重学习的过程，而不是结果。与考试相反，我们希望学生们创造能够应用于真实生活的知识。所以，STEAM 教育不是在桌椅整齐的教室上课，而是在充满木板、锉刀、画笔、电线、电路板、芯片、3D 打印机、显微镜、解剖刀、温度计，以及各种奇怪教育科技产品的工作坊内"玩科学"，抑或是带着各种仪器装备，去湖泊、草地、农场、树林，甚至是沼泽地等开展实践研究。

苏州是中国首批 24 座国家历史文化名城之一，有近 2 500 年的历史，是吴文化的发祥地，也是著名的风景旅游城市、国家高新技术产业基地、长江三角洲城市群重要的中心城市之一、江苏长江经济带的重要组成部分。苏州属亚热带季风气候，四季分明，降水充沛。这里适宜种植水稻、小麦等粮食作物；有油菜、棉花、蚕桑、茶叶和林果等经济作物；也有长江刀鱼、太湖银鱼、阳澄湖大闸蟹等地方特色水产。

2006 年 11 月，中共苏州市委根据各方意见，将"崇文、融和、创新、致远"确立为苏州城市精神。而 STEAM 教育强调跨学科综合，强调技术和工程，倡导以实际问题为导向，开展基于项目的深度学习，从而培养学生"逻辑思考、解决问题、批判性思维、创造力和合作能力"等核心素养。因此，STEAM 教育理念本质上是与苏州的城市精神相统一的，都强调融合、创新、发展，均注重科学精神与人文思想的统一，重在培养人的素养。

基于"立德树人"的教育立场，融 STEAM 理念和苏州地方特色于一体，我们编写了"'苏式'STEAM

精品课程系列丛书"。本丛书选取了具有苏州地方特色且贴近学生生活的素材，分别以"苏州印记""水乡探秘""能工巧匠"为主题，开发了"大自然的记忆——苏州的自然条件""大自然的馈赠——苏州的生物多样性与保护""烟雨姑苏茶飘香——苏州茶文化和采茶制茶""蝶之舞——江苏地区蝴蝶的监测及保护""桑·蚕·文化——江浙地区蚕桑栽培、饲养及丝绸文化""似水流年——苏州水文化及水环境保护""姑苏一品　水中'八仙'——苏州几种典型的湿地经济作物及其价值""水泽洞庭蕴天宝——太湖洞庭山及其特色水果的研究""水乡·水产·水韵——从'太湖三白'到'长江三宝'""鸟悦太湖——太湖湿地鸟类研究""果园飘香——苏州特色水果介绍与果树栽培""'拔苗助长'——苏州特色经济作物的快繁与复壮""'玫''桂'有约满庭芳——玫瑰与桂花的栽培与应用""明眸善睐——眼科学与视力保护及矫正""'菌菌乐道'——舌尖上的微生物"共15个STEAM课程，旨在让学生通过基于项目的实践活动，认识苏州的气候环境、风土人情、特色生物、科技发展、文化艺术……以培养学生的创新意识、科学思维、探究能力、工程素养、信息技术素养以及合作交往能力等关键能力。在这里，孩子们可以共同探究科学之真谛，了解技术之运用，掌握工程之方法，欣赏自然之美。我们致力于从实践出发，循序渐进地发展孩子的核心素养，在实践中培养他们的创造力和想象力。

　　本丛书是江苏省"十二五"规划重点资助课题"优化初中生物实验教学策略的实践研究"的研究成果。课题研究承担单位为苏州市教育科学研究院、苏州市吴中区木渎南行中学、北京外国语大学附属苏州湾外国语学校、苏州市吴中区中小学生综合实践学校。感谢苏州市教育科学研究院丁杰院长对本项目一直以来的关心和支持，感谢华中师范大学崔鸿教授、北京师范大学王健教授、南京师范大学解凯彬教授等专家对本书撰写过程的悉心指导与后期的细致审校。感谢本书的作者们夜以继日地开展的卓有成效的工作，这些作品代表了作者们的思想，更传播了一种STEAM教育的精髓——强调跨界，倡导合作，重在实践，关心生活，关注发展，并感受人文与艺术之美。

　　舞动青春，融创智慧，筑梦天下！

　　我们以梦为马，定将不负韶华。

　　是为序。

马建兴　于苏州
2018年8月

编写说明

"上有天堂，下有苏杭。"苏州，在历代文人墨客的笔下，总是那个千回百转、不容错过的梦。她地处长江三角洲腹地，钟灵毓秀，宛如一个藏在深闺的娘鱼，淳朴、善良、淡雅……如今的苏州，正张开她的双臂，热情地拥抱来自全国乃至世界各地的人们，并向整个世界展现"小桥，流水，人家"的风韵和现代科技迅猛发展的态势。

本书汲取苏州历史文化精髓，以苏州的自然风貌和生物多样性为两条线索，选取苏州最具特色的物产为素材，以贴近学生的生活实际为导向，开发了以"苏州印记"为主题的STEAM精品课程。本课程包括"大自然的记忆——苏州的自然条件""大自然的馈赠——苏州的生物多样性与保护""烟雨姑苏茶飘香——苏州茶文化和采茶制茶""蝶之舞——江苏地区蝴蝶的监测及保护"和"桑·蚕·文化——江浙地区桑蚕栽培饲养及丝绸文化"五章，旨在让学生通过基于项目的实践活动，认识苏州的气候环境、风土人情、特色生物、科技发展、文化艺术……以培养学生的创新意识、科学思维、探究能力、工程素养、审美情趣、信息技术素养以及合作交往能力等关键能力。通过本课程的学习，学生们可以共同探究科学之真谛，了解技术之运用，掌握工程之方法，欣赏自然之美。我们致力于从实践出发，循序渐进地发展学生的核心素养，在实践中培养学生的创造力和想象力。

本书内容丰富，图文并茂，章首语和题记充满诗情画意；章节学习目标明确；学习内容充满趣味，并且饱含苏州传统文化的味道；技能训练要求具体；章节评估注重实践成果的展示，充分体现了对重要概念的理解和大概念的建构，彰显了科学思维的发展和实践技能的运用；延伸探究注重学习与生活相联系，注重生产、生活中的真实问题的科学解决之道。值得注意的是本书不仅仅是提供基于生物、地理、物理、化学与数学等学科知识融合为主体的STEAM课程设计，更重要的是以此为案例传递STEAM的教育理念，探讨STEAM教学方法，为践行从STEAM教育走向"创客"教育探寻出路，为促进学习者深度学习提供参考，为学生的终身发展奠基。

第 1 章　大自然的记忆
　　——苏州的自然条件 / 1

第 1 节　石头记忆——沧桑篇 / 2
第 2 节　树的记忆——气候篇 / 10
第 3 节　山川记忆——农业篇 / 17
第 4 节　水的印记——河湖篇 / 24

第 2 章　大自然的馈赠
　　——苏州的生物多样性与保护 / 31

第 1 节　一方水土育一方人——了解苏州的生物多样性 / 32
第 2 节　且行且保护——保护苏州的生物多样性 / 45

第 3 章　烟雨姑苏茶飘香
　　——苏州茶文化和采茶制茶 / 53

第 1 节　梦回太湖　吓煞人香——碧螺春茶的前世今生 / 54
第 2 节　青青嫩芽　优雅转身——碧螺春茶的采摘与制作 / 60
第 3 节　烟雨姑苏　雾里看茶——碧螺春茶的品鉴和树种培育 / 68
第 4 节　我在姑苏　等你喝茶——碧螺春茶的文化与旅游资源 / 76

第 4 章　蝶之舞
　　——江苏地区蝴蝶的监测及保护 / 81

第 1 节　蝴蝶的基本知识 / 82
第 2 节　蝴蝶监测的方法 / 90
第 3 节　蝴蝶与环境的关系 / 95

第 5 章　桑·蚕·文化
　　——江浙地区蚕桑栽培、饲养及丝绸文化 / 99

第 1 节　陌上柔桑破嫩芽——桑 / 100
第 2 节　四眠蜕皮方有茧——蚕 / 109
第 3 节　煮茧缫丝成匹帛——丝绸文化 / 120

第 1 章 大自然的记忆
——苏州的自然条件

两千多年后的今天，当我们对苏州地区的山水地势、物产民风进行深入了解时，就会明白当年伍子胥为什么要"相土尝水，象天法地"。我们的先民很早就开始关注自己生活的这一方天地中的"土""水""天""地"等自然要素了。伍子胥正是在综合了苏州地区的地质、地貌、水文、气候等自然条件后才建造了姑苏城。

今天，当我们在"绿浪东西南北水"中流连时，在"秋风起，蟹脚痒"的时节享受美食时，在"斜阳细草吴山路"听暮鼓晨钟时，在"春入莳田芦绽笋"的陌上细数花开时，都能深深地感受到这片秀丽水乡的人杰地灵、物阜民丰。

进入本章学习，你将会对苏州的地质、地形、气候等自然条件有深入了解。我们了解苏州、认识苏州，为的是更好地保护这里的自然山水和人文胜迹。

内容提要

* 苏州常见的岩石
* 苏州的地质、地貌状况
* 苏州的天气、气候特点
* 苏州不同地区的土壤状况
* 苏州的河湖现状及其用途

学习本章意义

一方水土养一方人。优越的自然条件造就了苏州这方人杰地灵的江南水乡，为苏州的发展带来了得天独厚的发展机会，为丰富苏州的人文底蕴奠定了丰厚的物质基础。

你将从了解苏州的地质发展史开始认识苏州独特的自然条件，从而恋上苏州，爱上苏州。

第 1 节 石头记忆
——沧桑篇

学习目标

- 区别　几种常见岩石
- 认识　昆山石、太湖石
- 了解　地区古人类遗址
- 分析　实验数据
- 动手　制作石头盆景

关键词

- 昆山石、太湖石
- 海陆交替
- 地壳运动
- 地质年代表
- 化石

艺术鉴赏

菖　蒲

宋·陆游

雁山菖蒲昆山石，陈叟持来慰幽寂。
寸根蹙密九节瘦，一拳突兀千金直。
清泉碧缶相发挥，高僧野人动颜色。
盆山苍然日在眼，此物一来俱扫迹。
根蟠叶茂看愈好，向来恨不相从早。
所嗟我亦饱风霜，养气无功日衰槁。

　　石头，是我们生活中随处可见的自然物体。它们从绵延在地球岩石圈层中不同时期的岩石母体中分离出来，进入我们的视野。这些不起眼的石头记载了地球上曾经出现过的火山、冰川、造山和成海等地质现象，告诉我们脚下这片大地曾经发生过沧海桑田。人们从这些岩石层中留存的地质事件线索，可以寻觅地球的演变历史，预测未来的发展趋势。

图 1-1-1　千姿百态的岩石

一　苏州形成的时间印记

　　把苏州各个地质时期的岩石收集在一起细细琢磨，就会发现，这里曾经有过古老而稳定的时期，也经历了岩浆活动的动荡，更有过大地的起起落落……这一切，都已被岩石印记在了特殊的符号里。

❊ 最古老的地质记忆——昆山石

　　距今 5 亿至 4 亿年前的古生代，苏州境内广为海洋，昆山石所在的岩石层还淹没在海水里。时至今日，这一古老地层也仅有昆山地区的玉峰山一带露出地表。我们对苏州地区的记忆就是从昆山石开始的。

　　昆山石天然多窍，色泽白如雪、黄似玉，晶莹剔透，形状无一相同。它与灵璧石、太湖石、英石被誉为"中国四大名石"，在奇石中占据着重要的地位，自古以来备受文人雅士的推崇和喜爱。昆山石的名贵除了结构、造型独特之外，另一个重要的原因是稀有。

图 1-1-2　昆山石

沧海变桑田——苏州众山起

距今 4 亿到 3.5 亿年前的古生代泥盆纪时期，苏州地区发生了翻天覆地的变化，原来被海水覆盖的地区渐渐抬升成陆地。由于气候变得炎热，湖盆中沉积了以砂页岩、石英砂岩为主的陆相地层，地质学家们在这一时期的岩石层中发现有中华棘鱼、无锡亚鳞木等生物化石。由于这些岩石层较为致密坚硬，抗破坏能力强，不易被风化侵蚀，因此造就了苏州现今较高的一些山地，如穹窿山、大阳山等。

海陆交替演变——太湖石形成

从距今 3 亿年左右的古生代石炭纪到距今 2 亿多年前的古生代二叠纪时期，苏州地壳的升升降降较为频繁，这一时期形成了含有大量海相化石的厚厚的石灰岩层。

由于石灰岩能溶于酸性水，在长期的地表水和地下水的溶蚀下，形成了以林屋洞为代表的喀斯特地貌和"皱、瘦、透、漏"的太湖石（见图 1-1-3）。这个时期的苏州时为浅海、时为滨海、时为陆地，加之气候温暖湿润，植物生长茂盛，地层出现了砂页岩、灰岩、泥岩。这一时期岩层中的煤炭、寿昌菊石、戟贝化石（见图 1-1-4）等都是石头留下来的记忆，从这看似冰冷的石头里可以追寻苏州的岁月变迁。

知识链接

昆山石				
别名	昆石、巧石、玲珑石			
产地	昆山地区的玉峰山			
岩性	白云岩，水晶晶簇体			
化学成分	二氧化硅（SiO_2）	四氧化三铁（Fe_3O_4）	氧化钠（Na_2O）	氧化钙（CaO）
	99.46%	0.44%	0.08%	0.02%
硬度	莫氏硬度七			
特点	天然多窍，色泽白如雪、黄似玉，晶莹剔透			
成因	由于地壳运动的挤压，昆山地下深处岩浆中富含的二氧化硅热溶液侵入了岩石裂缝，冷却后形成了石英矿脉。			

图 1-1-3　太湖石

图 1-1-4　戟贝化石

地壳运动剧烈期——奠定地貌雏形

从距今 2 亿多年前的古生代二叠纪到距今 1 万年前的白垩纪晚期，苏州不仅历经了反复的沧海变桑田、桑田变沧海的起起沉沉，还在燕山期造山运动的剧烈影响下，酸性岩浆侵入地下深处形成了矿物结晶颗粒明显的花岗岩，这些花岗岩构成了灵岩山、天平山、天池山、狮子山等著名的花岗岩岩体。而苏州著名的虎丘景区内的岩石就是这一时期岩浆喷出地表的火山熔岩、火山凝灰岩和流纹

科学思维

引起沧海桑田变化的原因有很多。在喜马拉雅山脉中发现海洋动物鱼龙化石，这是地壳变动引起的；在东海海底发现古河道和大量古人类生活留下的遗迹，这是海平面升降引起的；荷兰全国约有 1/4 的土地低于海平面，这是填海造陆的结果。

对照上述材料，分析苏州沧海桑田变化的原因。

等火成岩。景区内的"千人石""试剑石"等著名的景点就是这一地质现象的有力证明。观山的高岭土矿床也是非常典型的火山岩形成的时间记忆。

图1-1-5　虎丘千人石（左）、试剑石（右）

科学思维

根据"苏州形成的时间印记"内容设计一些问题进行提问，并努力找到合理答案。比一比谁提出的问题更有价值。

提问	解答
昆山石的主要成分是什么？	二氧化硅……
……	……

探究·实践

野外考察小实践

考察地点

虎丘山。

考察任务

寻找虎丘山的火山熔岩遗迹。

成果展示

可图文结合做一份小报，也可完成一篇实践报告。

考察报告

可撰写一篇有关虎丘成因的小论文，也可完成一份现实＋想象的虎丘山体岩石模型。

石头工具——记录文明的发展

我们除了从岩石的构造中寻找时间的足迹外，也能通过出土的石头工具去寻找人类历史发展的时间印记。

1985年在苏州太湖的三山岛上发掘出了石核、石片、刮削器、尖状器等旧石器10 000余件，以及猕猴、豪猪、貉、棕熊、鬣狗、虎、鹿等10 000年至20 000年前的哺乳动物化石，《人民日报》称其为"中华民族古文明的摇篮"。《文汇报》称"太湖一带万年前即有

知识链接

旧石器时代　使用打制石器为主的时代叫旧石器时代，是人类以石器为主要劳动工具的早期。从距今260万年延续到1万多年以前。

中石器时代　使用打制石器，也使用磨制石器的时代叫中石器时代，距今1.5万至8 000年，以石片石器和细石器为代表工具，石器已小型化。人类已会使用天然火烤熟猎物。

新石器时代　使用磨制石器为主的时代叫新石器时代，年代大约从1.8万年前开始，结束时间从距今5 000多年至2 000多年不等。这个时代，人类已经会使用陷阱捕捉猎物，开始从事农业和畜牧业。人类生活得到了更进一步的改善，开始关注文化事业的发展，人类文明开始出现。

图1-1-6　三山岛旧石器

第1章 大自然的记忆
——苏州的自然条件

人类"。苏州最早的人类，已在这一带劳动生息，过着渔猎为生的原始生活，由此揭开了苏州人类历史的序幕，三山岛成为苏州人类历史文化的发祥地。

作为太湖流域古文化新石器时代遗址，草鞋山遗址中6 000年前的马家浜文化水稻田，是中国发现最早的有灌溉系统的古稻田。其出土的炭化稻确定为人工栽培稻，为中国稻作农业的起源和栽培稻起源的研究提供了实物依据，是中国水田考古与研究取得的一项重要成果。而这一遗迹中的石头工具，早期是比较粗糙的斧、锛、刀、凿、臼、砺石等；晚期则是制作比较精致、大多通体磨光、器形规整并使用了管钻技术的斧、石铲、锄、犁、凿、镰、纺轮等。这些经过打磨加工的石头都深深地刻印下了苏州地区人类文明曙光的时间节点。

> **科学思维**
>
> 根据不同时代人类使用石头工具的不同，对比苏州地区旧石器时代和新石器时代人们的生活方式有何不同。

图1-1-7　草鞋山遗址

二　探寻石头的秘密

走进地质年代表

为了便于分析地球上的岩石，地质学家根据岩石中所含的化石，将地球的历史划分为不同的时间单元。这些时间单元组成了地质年代表，它是地球从46亿年前形成之初到现在的历史纪录。图1-1-8是一张地质年代表，它使世界各地的科学家能够将保留在各地岩石记录中的地质事件、环境变化和生物演变相互联系起来。

> **探究·实践**
>
> **绘制苏州地质年代表**
>
> **工具**
> 苏州地质发展史的相关资料、纸、笔等。
>
> **活动要求**
> 认识：地质年代表中的大事记时间。
> 分析：与苏州地质年代大事记对应的宙、代、纪、世位置。
> 描述：苏州某一地质年代在全球发生的主要地质大事件。

> **知识链接**
>
>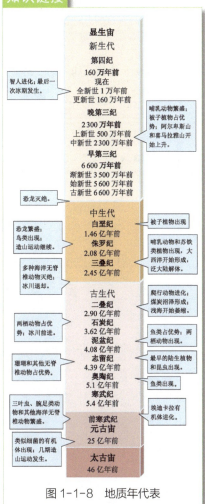
>
> 图1-1-8　地质年代表

> **活动任务**
> 1. 在"地质年代表"中找寻你感兴趣的大事件,你了解这些发生在地球上的大事件吗?
> 2. 在"地质年代表"中将苏州地区的地质年代大事件对号入座,看看这个时期其他地区都发生了什么大事件。
> 3. 绘制苏州有时间记忆以来的"苏州地质年代表"。
> 4. 和你的同学一起分享作品,看看谁绘制的"苏州地质年代表"最有创意。

❀ 化石——古生命证据

化石是地球上曾经生活过的动植物的遗体或遗迹。虽然过去生存过的大多数生物都已经灭绝了,但是化石可以为我们提供多种生物存在的证据,而且化石还记录了不同物种的数量随着环境的变化而变化的证据,提供了古环境的信息。

图 1-1-9 沉积岩中的化石形成过程

❀ 苏州砚瓦山化石

砚瓦山在苏州西郊的藏书镇,因其山中所出之石宜作砚材而得名,其中蕴藏的古腕足类化石堪称吴中一宝。

腕足类化石,形似贝壳,有凸面和凹面之分。这可是生活在 6 500 万年前的海洋生物啊!这说明当时苏州地区是海洋环境。

砚瓦山段(组)是由瘤状灰岩或网纹状灰岩(局部)或由含大量灰岩瘤钙质泥岩组成的一套地层。

知识链接

名称	化石
成因	火山爆发、泥石流等自然灾害瞬间将生物掩埋隔离氧化形成。
分类	实体化石、模铸化石、分子化石、遗迹化石。
作用	1. 根据化石可以揭示地球上的生物的演化过程。 2. 通过分析化石可以预测未来现象的模式和周期,比如气候。 3. 是古环境证据的记忆者,可以帮助地质学家发现能源资源。

图 1-1-10 菊石化石 　　图 1-1-11 砚瓦山戟贝化石

北宋米芾《砚史》曾提及灵岩山下蠖村（藏书一带）村民世代以采石斫砚为业。明、清两朝是蠖村石砚生产的高峰，清代吴中顾氏为砚雕世家，又以顾二娘砚雕技艺最为精绝。蠖村砚石质上乘，其色泽略近山西绛州澄泥砚，故有"澄泥石砚"之美誉。

探究·实践

实验内容——认识石头

每一种岩石的颜色、颗粒大小、质地、矿物成分都有明显的差异，这些差异都是可以观察与描述的。通过仔细观察和分析，你就可以认识一些岩石层，从而推断出该地区可能经历的地质构造变化。

实验准备

1. **问题准备**：如何比较花岗岩、水晶矿（变质岩）、砂页岩、石灰石（沉积岩）的特征？
2. **实验材料**：花岗岩和对等大小的砂页岩样品、放大镜或者透镜、天平、水、纸、笔、有刻度的量桶或烧杯。

学习目标

1. **描述**：花岗岩和石灰岩的特性，水晶矿和砂页岩的特性。
2. **鉴定**：不同类型岩石的密度。
3. **推断**：某一石头样品的成岩条件。

安全提示

在实验的过程中需戴护目镜和安全手套。

实验步骤

数据表

样品号	岩石类型	特性	质量	体积	密度
1					
2					
3					
4					

1. 观察每种岩石样品，将你的观察结果记录在数据表中。
2. 和你的同伴一起制定一个测量岩石样品的质量和体积的方案。

   密度公式：密度 = 质量 / 体积
3. 测定每种岩石样品的密度并将这些信息记录在数据表中。

实验分析

1. 分别对比两类岩石样品的颗粒大小有什么差异。
2. 判断肉眼观察到的同类岩石样品的质地有什么不同。
3. 将得到的密度数据与其他组同学的数据做比较，看看答案是否一致。如果不一致，分析是什么原因造成的。

艺术鉴赏

在中国古代，琥珀曾被称作虎魄、育沛、兽魄、顿牟、江珠、遗玉等，谓"虎死精魄入地化为石"，或认为琥珀是老虎流下的眼泪，这些传说蕴含着中国古人对琥珀的揣测和追寻，暗示人们认为琥珀有趋吉避凶、镇宅安神的功能。

图 1-1-12 琥珀（实体化石）

知识链接

岩石依据其成因可分成岩浆岩、沉积岩和变质岩三大类。岩浆岩、沉积岩和变质岩彼此都有一定的转化关系，当时间和地质条件发生改变以后，任何一类岩石都可以变为另外一类的岩石。

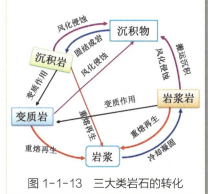

图 1-1-13 三大类岩石的转化

探究·实践

结论与应用

1. 推断花岗岩样品中的颜色是什么原因造成的。
2. 比较花岗岩样品和石灰岩样品的密度，哪一种岩石的密度更大？请解释原因。
3. 请通过其他渠道认识花岗岩、水晶矿、砂页岩、石灰岩的形成条件。

实验内容——盆景小制作

在这一节中我们通过石头找寻了苏州发展的漫长时间印记，也认识了苏州地区的著名石头，这些石头或在园林中堆砌如山，或在书桌案头摆石为景，自成天地。我们也可以将从大自然中捡拾来的小小石头摆成一个小盆景。

材料准备

收集到的各类石头，喜欢的碗、碟、盘、盆等器皿，野花、野草。

制作盆景

1. 给你的盆景预起一个名字。
2. 根据器皿和名字寓意选择材料。

图 1-1-14　各种盆景

知识链接

盆景修剪常用方法

第一要摘心。为抑制树木盆景的疯长，促使侧枝发育平展，可摘去其枝梢嫩头。

第二要摘芽。树木盆景在其干基或干上生长出许多不定芽时，应随时摘芽，以免影响树形美观。

第三要摘叶。树木盆景的观赏期往往是新叶萌发期，通过摘叶处理，可使树木一年数次发新叶，鲜艳悦目，提高观赏效果。

第四要修枝。修枝方式应根据树形来决定，一般有碍美观的枯枝、平行枝、交叉枝等，均应及时剪去。

第五要修根。树木新根发育不良，根系未密布土块底面，则翻盆时可仍用原盆，不需修剪根系。根系发达的树种，须根密布土块底面，则应换稍大的盆，疏剪密集的根系，去掉老根，保留少数新根进行翻盆。

本节自我评估

一、概念理解

1. 地质年代表中的代被分为（   ）。
   A. 世　　　　　　B. 世纪　　　　　　C. 年代　　　　　　D. 纪
2. 苏州目前裸露地表最早的岩石层位于（   ）。
   A. 常熟市　　　　B. 太仓市　　　　　C. 昆山市　　　　　D. 太湖地区
3. 苏州地区的最高峰穹窿山形成的时期是（   ）。
   A. 泥盆纪　　　　B. 白垩纪　　　　　C. 侏罗纪　　　　　D. 二叠纪
4. 虎丘、灵岩山、天池山等地区的岩石主要是由（   ）构成的。
   A. 沉积岩　　　　B. 岩浆岩　　　　　C. 石灰岩　　　　　D. 变质岩
5. 留园的标志物是冠云峰，它是"皱、漏、瘦、透"的（   ）的代表。
   A. 雨花石　　　　B. 昆石　　　　　　C. 灵璧石　　　　　D. 太湖石

二、技能训练

1. 尝试着将右侧词汇重新排列，构建一个有序的概念图，解释化石中印模与铸型的形成过程。如果需要帮助，希望你能借助老师、书籍、互联网等多种途径解决。

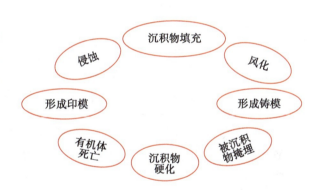

2. 古生代中哪个纪时间最长？如果能回到1亿年前，那时是什么纪？什么代？苏州处于什么样的一个地质构造时期？

第 2 节 树的记忆
——气候篇

学习目标

认识 苏州的气候特征
了解 苏州的植被类型

世界上不会有相同的两片树叶。但是，却有许许多多的叶子一起共同经历风风雨雨。从嫩芽初吐到霜叶似火，我们或在细风剪叶的春日寻陌上花开；或在炎炎烈日的酷暑里贪享浓荫下的那丝清凉；抑或重阳登高望雁飞，把酒菊花赏秋色；或在九九消寒图中煮茶、赏梅。让我们跟随着这些树叶的回忆，去了解苏州的风云变幻、气象万千及其带来的影响吧。

图 1-2-1 春华秋实

生活在苏州，你可以感受到这里既没有北方的长冬，也没有南国的长夏，温暖湿润、四季分明，十分有利于人们的起居和生活。

一 苏州的气候特征

苏州位于长江三角洲平原上，纬度范围 30°46'N～32°02'N，距东海较近，约 136 千米，西靠太湖。受海洋暖湿气流影响，夏季以偏南风为主，高温多雨；冬季以偏北风为主，但冬季风势力不强，低温少雨。这里是典型的亚热带季风气候，具体气温和降水状况见表 1-2-1 和表 1-2-2（据苏州气象站资料统计）。

亚热带季风气候

知识链接

家用温度计上的"℃"和"℉"分别表示摄氏度、华氏度。

1. 气温

表 1-2-1 苏州地区气温状况　　　　（单位：℃）

多年气温状况			7月气温		1月气温	
平均气温	最高	最低	平均气温	极端最高	平均气温	极端最低
15.7	17	14.9	30.3	39.2	0.3	-9.8

2. 降水

表 1-2-2 苏州地区降水状况　　　　（单位：mm）

年平均降水量	最大年降水量	最小年降水量	平均降水日
1 100	1 554（1957年）	574.5（1934年）	130 天

苏州市区降水量年内分配不均匀，每年4~9月，受暖湿的夏季风的影响，降水多而集中，各月平均降水量为100~160毫米，6个月的降水量占全年的70%以上，这期间的降水包括初夏的梅雨和夏秋的台风雨；10月到次年3月，受干冷的冬季风影响，降水很少，各月平均降水量为40~85毫米；同时，一般从7月中旬至8月中旬会出现一个降水相对偏少的时期，此即为高温少雨的"伏旱"。

正是由于苏州的气温和降水存在差异，苏州气候才形成了温暖湿润、四季分明的特点（见图1-2-2），而且春、夏、秋、冬各具特征。在苏州，一年四季都有风景，春有碧螺吐绿，夏有荷叶田田，秋有枫叶观赏，冬有香樟翠绿。

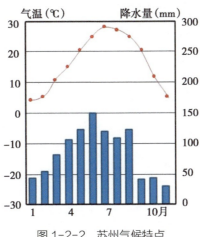

图1-2-2 苏州气候特点

知识链接

 蝴蝶效应

蝴蝶效应是气象学家洛伦兹1963年提出来的。其大意为：一只南美洲亚马孙河流域热带雨林中的蝴蝶，偶尔扇动几下翅膀，可能在两周后引起美国德克萨斯的一场龙卷风。其原因在于：蝴蝶翅膀的运动，导致其身边的空气系统发生变化，并引起微弱气流的产生，而微弱气流的产生又会引起它四周空气或其他系统产生相应的变化，由此造成连锁反应，最终导致其他系统的极大变化。此效应说明，事物发展的结果，对初始条件具有极为敏感的依赖性。

❀ 苏州的特殊天气

1. 梅雨天

"黄梅时节家家雨，青草池塘处处蛙。"黄梅时阴雨绵绵是江南初夏时节最为常见的天气。说到黄梅雨，就让我们来了解这一说法的由来。

苏州地区的气候条件适宜大面积种植梅花。从宋代至今以白梅为主，这不是观赏梅，而是一种果梅。"望衡千余家，种梅如种谷。"在山里不适合栽培水稻等粮食作物，就以种梅为生计。每年的六七月间梅子成熟的季节恰好是阴雨连绵的日子（见图1-2-3），因而有了"梅雨"天气之说。

图1-2-3 梅子熟了

后来，种植梅子产生了相应的副产品，就是早春梅花盛开时节，吸引大量游人前来赏梅。"游人为问勾留处，千顷湖光万树梅。"赏

知识链接

梅雨的成因

每年大约4月下旬至5月上旬，来自北方的冷空气与从南方北上的暖空气汇合于华南地区，形成华南准静止锋。大约到了5月下旬，暖空气势力增强，准静止锋北移至江淮地区，形成江淮准静止锋（又称梅雨锋）。由于来自南方的暖空气夹带大量水汽，当遇上较冷的气团时，便会产生大量对流活动。这段时间冷暖空气势力相当，以致锋面停留在江淮地区。

典型梅雨一般为6月中旬到下旬入梅，7月上旬到中旬出梅。迎梅雨指入梅前的阴雨，一般开始于4月中旬，为期约半个月。

梅活动在苏州已经持续了上千年，并已发展成为苏州的一种传统风俗。冬有梅花，夏有果梅，也是苏州地区气候的产物。

当然，“梅雨”时节的湿热天气下居家的物件、食品和刚收割的小麦等极易受潮霉变，故这种天气又称为“霉雨”天气。

2. 伏旱天

梅雨过后，盛夏从 7 月中旬到 8 月中旬，受太平洋副热带高压控制，日照长，太阳辐射很强，气温高，蒸发旺盛，而此时除局部地区的雷阵雨外，无大片雨区，普遍出现干旱酷暑天气，故叫“伏旱”。这一季节午后气温一般达 33℃ ~35℃，甚至高达 40℃。而此时“千顷芙蕖放棹嬉”为炎炎夏日带来的丝丝凉意，也使人“花深迷路晚忘归”。

3. 台风

据气象资料分析，每年 5 月至 10 月间，平均有 1.7 次台风影响苏州，主要集中在 7~9 月。台风往往带来大风和暴雨，给人们的生活和生产造成不小的影响。有时，台风带来的强降水会引起洪灾；有时，台风带来的丰富降水会在一定程度上缓解伏旱天的干旱。

知识链接

“台风”一词源自希腊神话中大地之母盖亚之子 Typhon，它是一头长有一百个龙头的魔兽，传说他的孩子就是可怕的大风。台风有季节性，一般发生在夏秋之间。台风中心登陆地点难准确预报，台风的风向时有变化，常出人预料。它具有旋转性，其登陆时的风向一般先北后南。台风损毁性严重。

我国的台风预警信号可分为 4 个等级，从弱到强分别为蓝色、黄色、橙色和红色四级。

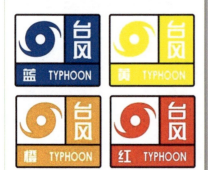

图 1-2-4　台风预警信号

探究·实践

苏州市气象局的官网上有四市六区的“区县天气模式预报”。下图是 2018 年 3 月 9 日的天气模式图。

区县天气模式预报

姑苏区　吴江区　吴中区　相城区　高新区　工业园区　张家港　常熟　太仓　昆山

街道名称	天气	温度	风向风速	街道名称	天气	温度	风向风速
白洋湾街道		(-0.2)-10	东北风 2级	彩香街道		(-0.2)-10	东北风 2级
城北街道		(-0.2)-10.1	东北风 2级	葑门街道		(-0.2)-10.1	东北风 2级
观前街道		(-0.2)-10.1	东北风 2级	虎丘街道		(-0.2)-10	东北风 2级
留园街道		(-0.2)-10	东北风 2级	娄门街道		(-0.2)-10.1	东北风 2级
平江路街道		(-0.2)-10.1	东北风 2级	石路街道		(-0.2)-10	东北风 2级
双塔街道		(-0.2)-10.1	东北风 2级	苏锦街道		(-0.2)-10.1	东北风 2级
桃花坞街道		(-0.2)-10.1	东北风 2级	吴门桥街道		(-0.2)-10.1	东北风 2级
胥江街道		(-0.2)-10.1	东北风 2级				

图 1-2-5　2018 年 3 月 9 日苏州的天气模式图

1. 任选三个地点，收集该区域一周的天气信息。
2. 根据收集的信息，归纳这三个地区的天气是怎样变化的。

二 苏州地区典型的植被

温暖湿润的气候特征为苏州地区带来了丰富的植被类型。它们不仅使苏州呈现出一派生机勃勃的景象，也给当地的人们提供了丰富的食材，如枇杷、柑橘、银杏、杨梅、枣子、核桃等。这些果木分布范围广，一年四季有鲜果。

苏州地区的植被主要为北亚热带常绿阔叶林与落叶阔叶混交林，由于受人类活动影响大，现有林木类型主要是次生林。

常绿阔叶林仅残存于局部山丘及一些人迹稀少的沟谷内，以苦槠（见图1-2-6）、桂花、香樟和木荷（见图1-2-7）为常见群种，伴生有杨梅、冬青等树种。发育得较好的典型混交林中，落叶树种以白栎、椴为主。

> **艺术鉴赏**
>
> 香樟木是传统的名贵木材，散发着特殊而浓郁的香气，经年不衰，这种香气使得香樟木家具有着独一无二的实用功能：防虫防蛀、驱霉隔潮。毛、皮、丝、麻等高档衣物以及字画书籍放入其中，不但不生虫、不发霉，而且还能染上芳香的气味。香樟木含有丰富的挥发性油脂，具有浓厚的特殊香气，是高品质香水的提取源之一。
>
> 香樟木根雕切面光滑润泽，干燥后不易变形，耐久性强，易于雕刻。这样的艺术作品摆放在家中既美观大气，又具有驱虫杀菌、净化空气的效果。

图1-2-6　苦槠　　　　图1-2-7　木荷

香樟是苏州的市树，为典型的亚热带常绿乔木。太湖洞庭西山多古香樟，树龄在300年以上的有近60株。明月湾古村的一株樟树（见图1-2-8）相传为六朝时种植，年代久远。古樟园中的两株香樟（见图1-2-9），高20余米，胸径达2.4米，为宋代所植。

图1-2-8　明月湾香樟树　　　　图1-2-9　古樟园香樟树

桂花（见图1-2-10）是苏州的市花，亦为亚热带阔叶乔木，终年常绿，一般秋季开花，开花时浓香四溢，是珍贵的花木之一。

苏州地区也有针叶林，一般分布在海拔低于50米的区域，多见于阳坡、酸性土质之上。本地的针叶林主要树种为马尾松和杉木（见图1-2-11）。

马尾松多为人工林，混生有白栎、山槐等落叶阔叶树种以及冬青、杨梅等常绿阔叶树种。杉木林的分布范围较广，最高可达海拔300米，均为人工林。每到秋末，红色的杉木林也是一道亮丽的风景线。

图1-2-10 桂花

图1-2-11 马尾松（左）和杉木（右）

苏州地势低平，河流、湖泊众多，为湿生植物的生长提供了极为优越的环境条件。在湖泊、池塘、溪沟、水边生长着芦苇、水葱等沼泽植物群落。湖泊及较大的深水池塘，有莲、茨菇、浮萍等水生植物群落（见图1-2-12）。

图1-2-12 芦苇（左）、水葱（中）、浮萍（右）

从山岗到池塘，从初春到暮冬，田间地头，人们都能欣赏到不同的景观，找到不同的植被、不同的食材。

茭白、莲藕、水芹、芡实、茨菇、荸荠、莼菜和菱，是苏州地区颇负盛名的8种水生植物，有"水八仙"的美誉（见图1-2-14）。这8种植物种植历史久远，质量上乘，具有鲜明的地方特色，深受群众喜爱，是苏州地区的特色蔬菜。

除上述分类外，苏州有特色的植物还有很多，比如经济林木，主要包括竹林、果树和茶树等。竹林种类很多，有毛竹林、刚竹林等，它们分布广泛，既有经济价值，也有观赏价值。果树的品种更为多

知识链接

茨菇是一种无公害的绿色保健食品。中医认为茨菇性味甘平，生津润肺，补中益气，对劳伤、咳喘等病有独特疗效。分析表明，茨菇主要成分为淀粉、蛋白质和多种维生素，富含铁、锌、硼等活性物所需的微量元素，对人体肌能有调节促进作用。

茨菇虽然营养丰富，但不宜多食，多食易引发肠风痔漏，崩中带下，易使人干呕，损牙齿，失颜色，皮肉干燥等，尤其对孕妇来说更要谨慎食用。

茨菇不能生吃，煮熟如芋，且略带苦味。

图1-2-13 茨菇

芡实(鸡头米)　　红菱　　茭白　　莲藕

水芹　　茨菇　　荸荠　　莼菜

图 1-2-14　水八仙

样且富有特色，如枇杷、柑橘、银杏、杨梅等（见图 1-2-15），它们分布很广，特别在东山、西山和太湖沿岸山丘更为集中。在苏州，茶树也分布普遍，其中，洞庭山碧螺春茶最为有名。

图 1-2-15　枇杷（左）、柑橘（中）、杨梅（右）

知识链接

不时不食

"不时不食"，出自《论语·乡党》中"食不厌精，脍不厌细。食饐而餲，鱼馁而肉败不食，色恶不食，臭恶不食，失饪不食，不时不食，割不正不食，不得其酱不食。"这句老话讲的是我们中华民族悠久的民间习俗：吃东西要应时令、按季节，到什么时候，吃什么东西。

探究·实践

收集时令食材

特定的地理位置为苏州带来了丰富的物产，优越的自然环境造就了苏州的物阜民丰。从乔木到灌木到湿生植被，苏州人的食材丰富多彩，这些植被有强身健体或延年益寿之功效；或如桂花般既令人神清气爽，又可入茶做点心。

请你从"二月春风似剪刀"的初春开始，收集苏州地区作为食材的植被种类，根据表 1-2-3 的提示完成相关内容：

表 1-2-3

序号	植被名称	时节	用途	美食照片
1	香椿树	春季	香椿芽被誉为"树上蔬菜"，香椿炒蛋最为普遍	
2				
3				
4				
5				

一、概念理解

1. 苏州地区的气候类型和气候特点分别是（   ）。
   A. 热带季风气候；全年高温，分旱季和雨季
   B. 温带季风气候；夏季高温多雨，冬季寒冷干燥
   C. 亚热带季风气候；夏季高温多雨，冬季低温少雨
   D. 温带大陆性气候；夏热冬冷，全年降水少

2. 以下有关苏州的叙述中错误的一项是（   ）。
   A. 清明前后当地人有用艾草汁混合糯米做青团的习俗
   B. 苏州地区的植被主要为常绿阔叶林
   C. 杨梅、枇杷是苏州洞庭东、西山的特色水果
   D. 桂花树是苏州市的市花，香樟树是市树

3. 苏州地区盛产茶叶，其中最为有名的茶叶是（   ）。
   A. 洞庭山碧螺春　　　B. 高山冻顶乌龙　　　C. 西湖龙井　　　D. 普洱茶

二、技能训练

大气状况影响着苏州地区的农业生产和植被状况，也深深地影响着苏州人的餐桌饮食。苏州人的饮食讲究"不时不食"，许多美食随时令而动，只在一个季节或一段时间内出现，错过了就只好等来年。"春天的酱汁肉、夏天的荷叶粉蒸肉、秋天的扣肉、冬天的酱方"，全年无休的美食风味，一年四季，季季有花样。

请制作一张苏州时令美食图表，试着在时令、美食与气候、天气、物产、民俗之间建立联系，交流你的分析结果。

时令	美食	与气候、天气、物产、民俗之间的关系
立春	春卷、馄饨、早春团子、春饼	俗称"咬春"；冬末时节，气温低；有"打春牛"的习俗
清明	腌笃鲜、青团子、酱汁肉	初春，春笋上市

第 3 节 山川记忆
——农业篇

《红楼梦》开卷便有"有处曰姑苏，有城曰阊门者，最是红尘中一二等富贵风流之地"。姑苏城里，市井繁华，小巷幽静，园林秀美；古城四野，土腴田丰，山温水软，风光旖旎；西南隅万顷太湖，碧波荡漾，映山纳翠。古村朴雅、云烟风月的人间天堂就是苏州地区。

学习目标

区别 苏州主要的土壤
认识 苏州的土壤特点
了解 苏州的地貌特征

关键词

- 土壤类型
- 地形、地貌
- 土壤特点
- 水稻土

一 苏州的地形、地貌

苏州市地处长江下游，西靠太湖，属太湖平原地区，全市地势低平，西北高、东南低，沿江高、腹部低。地面高程一般在3.5~5米，低洼地的最低点高程在2米以下。西南部多丘陵，全市最高点穹窿山主峰高341.7米。根据地貌特征，划分为平原、水面和丘陵三种类型。其中平原约4 660平方千米，占全市总面积的54.9%；水面约3 607平方千米，占全市总面积的42.5%；丘陵约221平方千米，占全市总面积的2.6%。

山不在高，有仙则灵。苏州地区的山确实不高，作为全境第一高峰的穹窿山海拔也仅有341.7米。故而，苏州地区的山川也如姑苏城一样有自己的特色，山峦蜿蜒、山色青翠，远远望去，淡淡的一抹黛色，动人心弦。位于古城西南的白马涧风景区正是这种山水相依地貌的典型。

图 1-3-1 苏州白马涧风景区

低山丘陵承载了苏州地区橘子、杨梅、枇杷等主要的林果产业，也成为苏州地区茶叶的种植地区。"燕子来时春社，梨花落后清明。"早春三月，采茶人忙碌在碧绿无边的茶园里。那一芽初展的鲜叶在制茶人手中经捡剔杀青、揉捻搓团等手工炒制后散发出清雅韵味，

知识链接

定向运动

定向运动起源于瑞典。最初是一项军事体育活动。"定向"这两个字在1886年首次使用，意思是：在地图和指南针的帮助下，越过不被人所知的地带。继1919年斯堪的那维亚举行了第一次正式的定向越野比赛后，这项运动至今已有近百年的历史了。

定向运动本身作为一种体育项目是20世纪初在北欧开始的。到20世纪30年代已在芬兰、挪威、瑞典、丹麦立足开展。1932年举行了第一次世界定向运动比赛。1961年国际定向联合会（IOF）在丹麦哥本哈根成立。世界定向运动的行政实体，是国际体育联合会总会之一。该运动也是国际承认的奥林匹克体育项目。

而碧螺春茶的名字更是享誉海内外。如树山地区种植云泉茶的土壤中富含硒、钙、铁、镁、锌等人体必需的微量元素。贡山岛的贡山茶因长于太湖泥，喝着太湖水，自南宋起就是宫廷的御用茶，成为碧螺春茶中的上品。

✿ 定向越野与地形

定向越野是一项依靠定向地图与指北针，在森林或郊野寻找检查点的体育运动。在比赛过程中，参与者需要熟练地运用地图，明辨方向，正确择路，才能取得好成绩。

苏州西部地区有众多山地，山丘周边地区人工地标比较多，植被、水系、地貌资源丰富，每一座山丘都能独立成为定向越野的理想场地，为定向运动的开展提供了必备的条件。

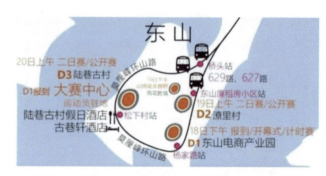

图1-3-2　2017年中国长三角定向越野巡回赛日程

想要完成这样一个融智力与体力于一体的运动项目可不是一件简单的事情，需要具备以下条件。

▲ 定向越野是一个完全的地势越野跑，你可以体验到各种各样的地形。会认读地图，这很重要。

▲ 使用定向越野地图，这绝对是个技术活。要掌握指北针和地图的正确使用方法，这是定向的基本技术之一。

▲ 其他技能："5W"——地图的制作时间、制作人、精确度、内容、自己在图上的位置；检查点说明表；体能储备。

二、认识苏州的土壤

✿ 自然土壤类型

苏州地区湿热的气候条件、以平原为主的地形、茂盛的植被为自然土壤的发育提供了极为有利的条件。而远古文明和悠久的农耕历史，为土壤的进一步熟化奠定了坚实的基础。本地区的土壤形成和地理分布因受到长江、太湖、山丘地形等的影响，呈现出了不同特点，也造就了苏州地区丰富的物产，详见表1-3-1。

科学思维

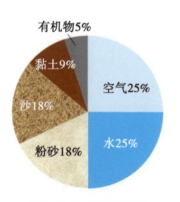

图1-3-3　沃土的比例

哪两种物质是沃土的主要组成部分？

有机物是不是就是腐殖质？

| 黄棕壤 | 沙壤土 | 黄泥土 |

图 1-3-4　苏州地区主要自然土壤

表 1-3-1　苏州地区主要自然土壤

属性	黄棕壤	沙壤土	黄泥土	泥质土
成土母质	花岗岩和石英砂岩等酸性岩石风化物	长江流水沉积的颗粒稍粗的粉砂质沉积物	潟湖相沉积物	泥质沉积物
特点	呈弱酸、酸性，有明显的黏化现象和稍弱的富铝化现象	中等或微弱石灰反应，质地较轻，透水通气，土质疏松	土壤发育程度高	黏重滞水，通透性差，保水性好
主要植被	森林植被，林木果品	棉花、花生	水稻	水稻、蚕桑
分布地区	低丘高冈地带	沿江地带	沙壤土以南的苏州周边平原地区	吴江及太湖沿岸

山丘地区土壤

地形垂直性影响在本地区的土壤中也留下了明显的印记。在山体的不同部位，由于风化壳和沉积物的厚度有较大不同，土壤呈现一定的垂直差异。

山顶或陡坡地带，土层厚度仅有 10～40 厘米，局部地区基岩裸露，多砾石，土层较薄，土壤发育程度较差，为粗骨土，植被多为灌木和草本植物（见图 1-3-5）。

图 1-3-5　土壤发育较差地区

第1章　大自然的记忆
——苏州的自然条件

知识链接

石头成土

裸露的石头在光照、温差、植被、微生物等外界作用下出现裂隙，由大块变成小块，由小块变成砂，由砂变为土，石头就烂掉了。这就是风化作用，而风化的最终结果就是让巨大、坚硬的石头变成了植物赖以生长的土壤。

水分渗进岩石裂隙

夜间温度下降，水结成冰，体积增大，裂隙亦加深

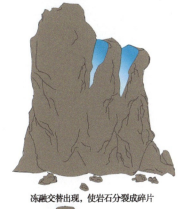

冻融交替出现，使岩石分裂成碎片

图 1-3-6　风化作用

科学思维

山地的垂直地带性景观

在一些中低纬度的高大山地地区，从山脚下到山顶，植被景观出现明显的垂直地带性特征，不同的海拔高度植被分布差异明显。

请根据海拔高度、气温、降水、人类活动等条件分析山地自然景观及其组成要素之间存在规律性的原因。

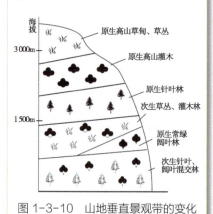

图1-3-10　山地垂直景观带的变化

山腰地带，土层厚度在40～100厘米之间，山坡的平缓处树木生长较为茂盛，是人工栽培的次生林（见图1-3-7）。

图1-3-7　人工杉木林

山脚缓坡和山麓地带，土层厚度超过100厘米，植被覆盖率高，以次生的亚热带针叶林树种为主，少部分地区为阔叶自然林，部分地区已开垦为亚热带林果种植区（见图1-3-8）。

图1-3-8　山麓地区的桃林

还有些地区土壤发育程度低，基本上是基岩裸露（见图1-3-9）。

图1-3-9　基岩裸露地区

> **探究·实践**
>
> ### 土壤状况与植被
>
> **考察地点**
> 实地考察附近的一处山丘。
>
> **考察目的**
> 根据裸露基岩、植被生长情况估计山丘不同部位的土壤状况。
>
> **考察内容**
> 1. 从以下几个方面进行观察：土壤颜色、厚度、颗粒物大小、水分状况等。
> 2. 如果有条件，可以采集土壤样本和你的同学、老师一起在实验室进一步分析土壤状况。
>
> **考察结果**
> 根据你的考察结果制作一幅"苏州地区某山体土壤分布状况和植被分布状况图"。
> 如果有问题，可以咨询地理老师或借助其他资源。

> **知识链接**
>
> ### 五色土
>
> 五色土是指青、红、黄、白、黑五种颜色的纯天然土壤，是华夏传统文化的典型符号，数千年来被赋予了无限美好的寓意。
>
> 五色土在《山海经》《禹贡》《周礼》《史记》等历史文献中都有记载，多用于诸侯建国立社、帝王封禅等重大仪式。

农业土壤

苏州地区人类活动历史悠久，农业耕作在土壤形成中起到了重要的作用。在夏季高温多雨、冬季低温少雨的自然条件下形成了水稻种植区特有的人工土壤——水稻土。水稻土主要分为潴育型水稻土亚类、脱潜型水稻土亚类和潜育型水稻土亚类三种类型。

潴育形　　　　　脱潜形　　　　　潜育形

图 1-3-10　苏州地区主要水稻土壤

表 1-3-2　苏州地区的主要农业土

	潴育型	脱潜型	潜育型
土壤特点	质地偏重，排水条件好。呈棕黄色，棱块结构明显，多铁锰锈斑。有机质平均为2.6%，含氮磷养分较高，保肥保水性好	质地偏黏，少铁锰斑点。棱块状、块状。有机质含量不高	青灰色，质地黏重。由于常年侵潜育，土体软烂分散，有机质不宜分解，有机质含量高但养分释放缓慢，有机质未彻底分解、释放有毒物质，对生物生长不利
主要植被	水稻、蔬菜	水稻和水生蔬菜轮作	本地特色的水生蔬菜

知识链接

具有修复土壤能力的植物

柳树

柳树是一种树姿优美的树木，可以美化环境，也具有改善土壤的能力，能够处理镉、镍和硒等物质，适合将其种植在一些柴油污染区。

印度芥菜

印度芥菜属于十字花科植物，是一种能改善土壤的植物，可清除土壤里面的镉、铅，还能对抗锌、汞和铜。

向日葵

向日葵很漂亮，也可以减少土壤中的多环芳香烃，还能广泛地聚集污染物。很多重金属物质都会成为向日葵的食物，对它的生长发挥作用。

土壤不仅仅只是岩石的风化产物，更是地球上最有价值的资源。因为生活在地球上，任何生物都直接或间接地依赖于土壤。土壤是可再生资源，哪里发生风化，哪里就能发现土壤。但是，土壤的形成需很长时间，几百年的时间只能形成几厘米厚的土壤。深厚肥沃的土壤是经历了好几千年的漫长时间才逐渐形成的。而肥沃的土壤因有限而价值更高。全球比较适合农耕的土地不足陆地的1/8。在很多地方，进行农耕是困难的，并且产量很低。原因就在于土壤贫瘠、缺水、热量不够、陡坡不利种植等。而苏州位于长江中下游平原上，这里土壤肥沃，降水充沛，热量充足，是非常宝贵的农耕地区。宋代就有"苏湖熟，天下足"的赞誉，这其中除了地质基础、气候原因外，还有土壤的巨大贡献。

三 保护苏州的土壤

土壤是地球上最重要的资源，但土壤会遭到破坏和流失。人类的耕种方式不当，诸如长期、过量使用化肥，播种种类单一等都会使土壤的肥力下降。

土壤也会因遭受流水或者风的侵蚀而流失。任何没有植被覆盖的地方都会出现水土流失。其实，这个过程中流失的就是表层肥沃的土壤。

当然，土壤也会留存这些破坏物质的记忆，对人类的行为进行控诉，最直接的表现就是土壤遭受破坏后无法进行正常的耕种。

苏州地区虽然自然环境优越，土壤流失现象很少，但优质耕地面积减少是土壤遭受破坏或减少的主要原因。保护有限的耕地是我们必须要重视起来的大事。

图 1-3-11 漫画"珍爱地球"（来自苏州市平江中学学生创作）

一、概念理解

1. 地球上的一切生命都直接或间接地依赖于（　　　）。
   A. 降水　　　　　　B. 气温　　　　　　C. 土壤　　　　　　D. 地形

2. 苏州地区的主要粮食作物是（　　　）。
   A. 水稻　　　　　　B. 油菜　　　　　　C. 棉花　　　　　　D. 玉米

3. 苏州地区农业耕作历史悠久，形成了水稻种植区特有的水稻土，属于（　　　）土壤。
   A. 自然　　　　　　B. 人工　　　　　　C. 山丘　　　　　　D. 破坏

4. 苏州低丘高冈地带的森林植被和杨梅、枇杷、柑橘等林木果品的生长地区主要是（　　　）土壤。
   A. 黄泥土　　　　　B. 黄棕壤　　　　　C. 沙壤土　　　　　D. 泥质土

5. 黄泥土主要用来种植（　　　）。
   A. 林果品　　　　　B. 棉花　　　　　　C. 水八仙　　　　　D. 水稻

二、技能训练

1. 尝试着将下列词汇重新排列，构建一个有序的概念图，试着用箭头、连线建立起它们之间的相互关系。

2. 园丁经常会通过增加原料而改进土壤的结构。这些增加的原料改变了土壤的成分，增加了土壤的肥力或者提高了土壤的蓄水能力。如果把可以增加的肥料（部分腐烂的树叶等）放在沙质土壤中，你知道肥料是如何改变沙质土壤的吗？建议你设计这个实验，并进行长期观察，你一定会有收获。

第 4 节　水的印记
——河湖篇

学习目标

认识　水系、水文特征
了解　主要河流、湖泊
运用　考察苏州河湖水质

关键词

- 水系特点
- 水文特征
- 主要河湖
- 河湖水质

艺术鉴赏

枫桥夜泊

唐·张继

月落乌啼霜满天，
江枫渔火对愁眠。
姑苏城外寒山寺，
夜半钟声到客船。

苏州被誉为"东方威尼斯"。行走在苏州的大街小巷，田边地头，温润是最贴切的体验。"绿浪东西南北水，红栏三百九十桥"是真实的写照。大大小小的荡、河、湖造就了苏州的水乡古韵，也造就了苏州独有的"水八仙""太湖三白"、阳澄湖大闸蟹等享誉海内外的苏州特产。先民用"蘇"字诠释了这里的富饶，是名副其实的"鱼米之乡"。苏州与水有着天然的联系，水城、水乡、东方威尼斯，这些都是长期以来人们对苏州的美誉。让我们通过河流湖泊去感受苏州的温润吧。

一　水系特点

❀ 河网密布

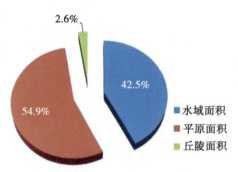

图 1-4-1　苏州水域、平原、丘陵比例分布图

苏州境内河道纵横，湖泊众多，河湖串连，是著名的江南水乡，有各级河道 21 454 条，大小湖泊 323 个。根据地貌特征，水域面积约 3 607 平方千米，占全市总面积的 42.5%（图 1-4-1）。

流域河道有望虞河、太浦河，分别在境内北部、南部穿过；流域内区域交往河道苏南运河在苏州西侧纵贯南北；其余境内河道主要有张家港、十一圩港、常浒河、白茆塘、七浦塘、杨林塘、浏河、吴淞江等。境内除太湖外，较大的湖泊有阳澄湖、澄湖、淀山湖、独墅湖、元荡、金鸡湖等，大致状况见图 1-4-2 所示。

图 1-4-2　苏州市水系分区示意图

❀ 湿地资源丰富

2000年,苏州湿地(包括河流、湖泊、水田、水库、塘坝及沼泽和沼泽花草甸)总面积6 313.26平方千米,其中天然湿地3 176.09平方千米,占土地总面积的36.63%。在天然湿地中,河流湿地面积为1 044.07平方千米,湖泊湿地面积2 106.68平方千米,沼泽和沼泽花草甸湿地面积25.34平方千米(《苏州市生态示范区建设规划》,2002)。

图 1-4-3 苏州地区天然湿地面积比例

❀ 古城河道独特

苏州古城的河道贯穿全城大街小巷,有利于绿化、蓄排水和消防,还可有效地调节和改善城市小气候,从而造就了良好的生态环境。

二、苏州河流水文特征

表 1-4-1 苏州地区水文特征

名称	河流补给	流向(正常)	流速	流量	平均水位
特征	降水	由西向东	小	小	2.79米

三、主要河流和湖泊

❀ 主要河道概况

长江流经苏州,历张家港、常熟、太仓三市,在苏州境内长江水域约有500平方千米。截至2005年,苏州共有通江河道35条,其中张家港境内有巫山港、张家港等17条,常熟境内有福山塘、望虞河等9条,太仓境内有新泾、浏河等9条。

图 1-4-5 长江(苏州段)

江南运河是京杭大运河七个大段之一。它从苏州、无锡两市交

知识链接

湿地

地球上有三大生态系统:森林、海洋、湿地。森林被称为"地球之肺",海洋被称为"地球之心",湿地被称为"地球之肾"。

湿地泛指暂时或长期覆盖水深不超过2米的低地、土壤充水较多的草甸以及低潮时水深不超过6米的沿海地区,包括各种咸水、淡水沼泽地,湿草甸,湖泊,河流以及洪泛平原,河口三角洲,泥炭地,湖海滩涂,河边洼地或漫滩,湿草原等。

图 1-4-4 太湖湿地

> **知识链接**
>
> **河街相邻、水陆并行**
>
> 南宋绍定二年（1229年），李寿明主持刻绘了《平江图》，即宋代平江城（今属苏州）的城市地图。这幅图刻绘了宋代平江城的平面轮廓和街巷布局，是中国现存最大最完整的古代碑刻城市地图，也是世界上罕见的巨幅古代城市图。
>
> 从这张宋代的地图中我们可以清晰地看到，今天的苏州古城格局基本和《平江图》上一致，依旧是"河街相邻、水陆并行"的双棋盘格局。

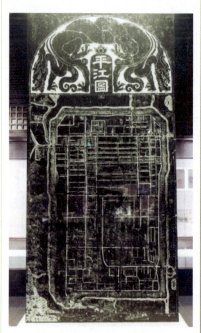

图1-4-7 碑刻平江图

界处的沙墩港流入相城区望亭镇，流经浒墅关、枫桥、横塘，过宝带桥后南下吴江区，在盛泽镇东南苏浙两省交界处的王江泾入浙江境域，全长83千米。

图1-4-6 江南运河（苏州宝带桥段）

苏州地区还有胥江、娄江、浏河、吴淞江等较大河道。

✿ 主要湖泊概况

太湖，古称震泽、笠泽，是中国第三大淡水湖。湖区南界浙江湖州市，东岸是苏州市，北连无锡、常州两市，西接无锡宜兴市。扣除湖中51个岛屿面积89.7平方千米，湖泊水域面积2 338.1平方千米，东西平均宽34千米，最宽处56千米，南北长68.5千米，整个湖面约2/3属于苏州。

太湖为苏州河网水系中心，吞吐上游来水，下泄江海，形成了太湖水系。一般每年4月雨季来临，太湖水位开始上涨，7月中下旬达到高峰，9月后水位开始下降，11月进入枯水期，次年1、2月水位达到最低。茫茫太湖波，混漾空明影。

阳澄湖，东倚昆山，南靠苏州工业园区，北临常熟，面积达120平方千米，它由东北—西南方向三个平行湖泊组成，即阳澄东湖、阳澄中湖、阳澄西湖，以阳澄东湖面积最大，阳澄西湖湖底起伏最为明显，全区最深的湖泊深潭就在此。阳澄湖接纳西部和太湖来水，东注水流部分经吴淞江下泄，或经澄湖、淀山湖迂回入黄浦江。阳

 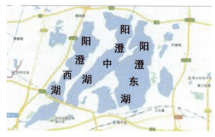

图1-4-8 阳澄湖

澄湖多年平均水位2.87米,平均水深1.43米。

图1-4-9　太湖日出

图1-4-10　石湖景区

探究·实践

探究河流的水文特征

河流（湖泊）的水文特征是我们认识、了解一条河流（湖泊）的重要手段。请你观测学校或家附近的某一条河流或某一个湖泊的水量、水位、流速、汛期、枯水期、含沙量、补给来源、结冰期等方面的特征，并记录在表格中。

分析

1. 河流水文特征与苏州气候特征的关系。
2. 观测到的河流与湖泊是否有差异？表现在哪些方面？

表1-4-2　河流（湖泊）的水文特征

	水量	水位	流速	汛期	枯水期	含沙量	补给来源	结冰期
河流A								
河流B								

知识链接

水体更新

水的更新周期决定了淡水的补充量和水污染后的自净能力，与人类的生产生活密切相关。如果水的更新周期短，则淡水的补充速度就比较快，这意味着水体一旦被污染后，重新净化的时间也比较短。

表1-4-3　主要水体更新周期

水体名称	更新周期
大气水	9~11天
河流水	11~18天
淡水湖泊	10~100年
地下水	100~1400年
海洋水	约2500年
冰川	约10000年
土壤水	1年
沼泽水	5年

（数据来源：中国数字科学馆）

图1-4-11　水循环示意图

苏州湖泊众多，还有淀山湖、澄湖、金鸡湖、石湖等，现在很多湖泊已成为著名的风景区。

四 河湖水质

苏州被称为"东方威尼斯"，其水域面积几乎占了整个陆地总面积的一半。从水资源的利用来看，苏州的河流、湖泊均为淡水，给当地航运、农业灌溉、养殖、工业生产以及人们的日常生活、旅游休闲等提供了极大的便利。

苏州全市湖泊污染问题主要体现为富营养化，主要污染指标为氨氮、总磷、高锰酸盐指数和化学需氧量，影响全市主要河流水质的首要污染物为氨氮。经过长期不懈的综合治理，苏州河流湖泊水质环境得到了有效改善。全市现有12个集中式饮用水水源地保护区，水源地水质较好，符合安全饮用标准，取水口水质达标率为100%。全区地下水水质较好，13项指标中有12项达到地下水Ⅲ类标准，水质保持稳定。

图1-4-12 小桥流水

"三生花草梦苏州"，清人龚自珍曾吟唱过江南苏州的秀美。那些留在人们记忆中的名胜古迹、人文景观、小河柔波、石栏拱桥、悠长幽巷，曾使多少人神恋魂迷，流连忘返。这里的一土一木、一石一水承载着千年江南的浓情、亘古柔情的飘零、似水流年的痕迹，记载着沧海桑田的变幻。所有这些都是大自然在上亿年里为那山、那水、那田野村庄留下的记忆。

一、概念理解

1. 苏州全市水域面积（含太湖）为 3 607 平方千米，占陆地总面积的（　　）。
   A. 76%　　　　　B. 42.52%　　　　　C. 50%　　　　　D. 26%

2. 截至 2005 年，苏州共有通江河道（　　）条。
   A. 17　　　　　B. 9　　　　　C. 20　　　　　D. 35

3. 江南运河是（　　）的七个大段之一。
   A. 京杭大运河　　B. 长江　　　　C. 钱塘江　　　　D. 太湖

4. 太湖是中国第（　　）大淡水湖。
   A. 一　　　　　B. 二　　　　　C. 三　　　　　D. 四

二、技能训练

考察任务：

考察河流、湖泊水质，完成调查报告。

具体步骤：

1. 选择周边的一条河流或一个湖泊，可以是教材中介绍的，也可以是没有介绍到的，借助互联网、书籍等途径查询其长度、起止点等简要概况。

2. 用空瓶收集河水或湖水作为标本，从温度、色度、浑浊度、气味、pH、悬浮物等方面做简要分析，并完成"水质调查表"。

水质调查表

河湖名称	
温度（℃）	
色度	
浑浊度	
气味	
pH 值	
悬浮物	

3. 利用互联网等资源搜索苏州地区水资源利用方面存在的普遍问题，考察该河流或湖泊周围的环境，分析影响该河湖水质的原因，并结合该地区特点，提出改善水质的具体可行性措施。

4. 将考察的河流或湖泊的基本概况、水质特点、原因分析、改善措施等总结成文，配上一定的照片，形成调查报告，也可制作 PPT，在班级内互相交流。

一、概念理解

1. 下列能成为苏州最古老的岩石代表的是（　　）。
   A. 昆山石　　　　　B. 太湖石　　　　　C. 英石　　　　　D. 化石

2. 关于苏州的天气、气候，以下描述错误的是（　　）。
   A. 苏州"梅雨"时期恰逢每年六、七月间江南梅子成熟的时候
   B. "伏旱天"的出现是因为苏州受到太平洋副热带高压的控制
   C. 台风会造成强降水，对苏州影响只有弊，没有利
   D. 苏州气候四季分明，造就了农作物的多样品种

3. 关于苏州土壤，以下描述正确的是（　　）。
   A. 苏州地区自然条件优越，农耕历史悠久，所以没有出现土壤遭到破坏的现象
   B. 苏州市近期由于人口的大量增加，工业的快速发展，导致优质耕地减少，土壤开始遭受污染
   C. 我国把"十分珍惜、合理利用土地和切实保护耕地"作为一项基本国策，并采取各种措施加以落实
   D. 苏州地区土壤类型多样，其中属于人工土壤的是黄棕壤

4. 2000年，苏州湿地总面积约（　　）平方千米。
   A. 6 313.26　　　　B. 3 176.09　　　　C. 1 044.07　　　　D. 2 106.68

二、思维训练

如果河流的平均流速是5m/s，河宽是30m，平均深度是10m，那么河流的流量是多少？借助这样的方法，你可以设计一个采集数据的方案，对某条河流的流量进行科学的计算吗？

第2章 大自然的馈赠
——苏州的生物多样性与保护

苏州境内有烟波浩渺的太湖，有蜿蜒曲折的穹窿山脉，有一马平川的古城东部平原，有以盛产大闸蟹闻名的阳澄湖，还有穿境而过的天堑长江……所有这些，形成了苏州较为多样的生态系统，也形成了苏州较为丰富的生物多样性特点。

荀子曰："山林者，鸟兽之居也。山林茂而禽兽归之，山林险则鸟兽去之，树成荫而众鸟息焉。无土则人不安居，无人则土不守。"由此可见，生态环境与生物多样性之间存在着紧密关系。一个城市的生物多样性状况，不仅是这个城市生态环境质量的重要衡量标准，也直接影响这个城市中居民的生活水平与生活质量。

那么，苏州地区生物多样性的现状如何？又具有怎样的特点呢？近年来，在各部门的领导下，苏州人民在环境治理与生物多样性保护方面做了哪些工作？又取得了哪些丰硕成果呢？下面就让我们走进这一方水土。

内容提要

* 什么是生物多样性
* 苏州的生物多样性现状
* 生物多样性面临的困境
* 如何保护生物多样性

本章学习意义

苏州河道纵横，形成了多种多样的生态系统，也孕育了万千生物，形成了特有的生物多样性。学习本章内容你将了解到苏州的生物多样性及人们对它的保护，从而发展理性思维，增加保护生物多样性的责任意识。

第 1 节　一方水土育一方人
——了解苏州的生物多样性

学习目标

了解　苏州的生物多样性
概括　生物多样性的意义
尝试　调查生物多样性

关键词

- 生物多样性
- 生物多样性的意义

科学思维

在学习本节内容后，请将苏州地区的生物多样性与地球上的同一经度或同一纬度上其他地区的生物多样性进行比较，并尝试得出结论。

苏州，一座有着2 500多年悠久历史的城市，一座摩登建筑和秀美山水相得益彰的城市，一座来过就不想离开的城市。她的美不仅在影影绰绰的桨声灯影中，不仅在细雨迷蒙的小巷里，更在那富饶的物产中，博大的情怀里。在这里，有白鹭自由自在的身影，有洞庭山碧螺春茶迷人的芳香，有"太湖三白"、阳澄湖大闸蟹令人垂涎的鲜美，还有枇杷、杨梅等数不胜数的各种农副产品，真可谓物埠民丰！

一　苏州的生物多样性

苏州地处温带，属亚热带季风气候，四季分明，气候温和，雨量充沛。年平均气温17℃上下，年降水量1 300毫米左右，无霜期230天左右，日照约2 000小时，农作物生长期长达9个月，加上苏州古城境内河港交错，湖荡密布，因此土地肥沃，物产丰富，自然条件优越。苏州人口众多，地理和气候条件有助于物种的形成和保存。目前，苏州境内到底有多少种生物呢？调查显示，苏州植物和鸟类丰富，市域范围内有植物778种，隶属于145科466属。其中，最多的植物种类是禾本科，67种；其次为蔷薇科，54种；菊科51种；豆科36种。本地植物有616种，常见的微型藻类有300多种。留居、旅经或在苏州地区进行繁殖的鸟类有173种，隶属于16目，约占全国鸟类的14.6%。其中，国家二级保护鸟类27种，国家一级保护鸟类有黑鹳、白鹤和中华秋沙鸭3种，江苏省保护鸟类24种。

千姿百态的生物，丰富多彩的遗传基因，以及变化无穷的生态系统，所有这些共同构成了生物多样性。总体来说，一定区域内所有物种的数目、每一个物种的遗传多样性以及该地区的生态系统多样性就是这个区域的生物多样性。一方水土养一方人，穿越四季，我们即将看到美丽、富饶、造词和谐背后人与自然的故事。

白鹭

洞庭碧螺春茶

第2章　大自然的馈赠
——苏州的生物多样性与保护

太湖银鱼　　　　　　　太湖白虾

太湖白鱼　　　　　　　阳澄湖大闸蟹

西山白玉枇杷　　　　　西山杨梅

图 2-1-1　苏州多种多样的生物

科学思维

说一说图 2-1-1 中哪些生物是你熟悉的，并介绍一下它们的主要特征。

知识链接

物种丰富度就是指群落中物种数目的多少。

技能训练

调查校园小树林土壤中小动物的丰富度

实验器材

放大镜、小铲子、镊子、白瓷盘、玻璃瓶、贴有标签的塑料袋、一次性手套、筛子、解剖盘、直尺等。

实验步骤

1. 将表土的落叶轻轻拨开，选择一块样地进行取样调查。样地面积为 10cm×10cm。（可以选取多块样地）

2. 用小铲子采集土壤样品，分装在贴有标签的塑料袋内。（注意：要减少对土壤生态环境的破坏。）

3. 观察和分类：将捉来的小动物放进解剖盘，用肉眼或借助放大镜观察采集来的动物。（注意：在采集时要戴手套操作，以防毒虫叮咬。）

4. 分类和统计：借助图鉴查阅小动物的名称并进行分类，无法知道的小动物名称，可记为"待鉴定"。

图 2-1-2　土壤里的小动物

知识链接

种群密度，就是单位空间内某种群的个体数量。

对植物来说最常用的方法是样方法，也就是在被调查种群的生存环境内，随机选取若干个样方（样方是面积或空间有一定大小的区域，如草本植物种群调查时，样方面积常为 1 平方米），通常计数每个样方内的个体数，得到每个样方的种群密度，以所有样方种群密度的平均值作为该种群的种群密度。

探究·实践

填写下面的表格：

表 2-1-1 校园小树林土壤中小动物的丰富度记录表

动物名称	个体数			备注
	样本 1	样本 2	样本 3	
×××				
×××				
×××				
待鉴定 1				
待鉴定 2				
……				

注意：实验后请把动物放回大自然！

在一般情况下，由于个体数繁多，其大小及动物的穴居、隐藏等原因，要逐一计数某个种群的个体总数是很困难的，因此通常采用取样调查法。

技能训练

尝试用样方法调查阳澄湖边蒲公英的种群密度

实验用具

皮尺（或卷尺），尼龙绳，木橛子，钢笔或圆珠笔，记录本等（见图 2-1-3）。

实验步骤

1. 确定调查对象：蒲公英（见图 2-1-4）。
2. 选取样方。先随机选取正方形地块（100 平方米），然后按照图 2-1-5 选取 5 个样方，大小为 1 平方米。先在样方的四个角

图 2-1-3 实验器材

图 2-1-4 蒲公英　　图 2-1-5 五点取样法

探究·实践

上各插入一个木橛子,再将尼龙绳拴在木橛子上拉紧(尽可能离地面近一些),围成一个正方形。将5个样方编号为1~5号,人员分为若干组进行。

3. 计数。计数时注意,边界上的植株要计上不计下,计左不计右,所有同种植物无论大小都应计算在内。

4. 计算种群密度。计算各个样方内种群数量的平均值,即为该种群密度的估计值(单位:株/平方米),将调查结果填入表2-1-2。

表2-1-2 阳澄湖地区蒲公英种群密度记录表

取样方法		样方面积	
取样地点		调查时间	
组长		组员	
调查植物			
样方	样方1		
	样方2		
	样方3		
	样方4		
	样方5		
种群密度			

注意:选取地势开阔、平坦、植被茂盛的地点作为调查地点。避免有深水、陡坡、毒虫等存在安全隐患的地点。

科学思维

除了五点取样法外,你还知道其他的种群密度调查方法吗?

知识链接

质粒简介:质粒是小型环状DNA分子,在基因工程中作为最常用、最简单的载体,必须包括三部分:遗传标记基因、复制区、目的基因。质粒在所有的细菌类群中都可发现,它们是独立于细菌染色体外自我复制的DNA分子。质粒是能独立复制的复制子,但它对宿主生存并不是必需的。

自然环境的加速改变,使得基因多样性的保护在生物多样性保护中占据了十分重要的地位。

质粒是真核细胞的细胞核外或原核生物细胞核外能够进行自主复制的遗传单位,是细胞内的一种小型环状的小分子DNA,它作为一个具有自主复制起点的遗传功能单位独立于细胞的核染色体之外。图2-1-6中的质粒是分子生物学实验中不可缺少的工具载体。高质量的质粒提取是下游试验顺利进行的可靠保证。

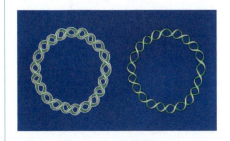

图2-1-6 质粒模式图

✤ 质粒小提试剂盒原理

质粒小提试剂盒用于大肠杆菌中质粒DNA的小量提取,它结合了优化的碱裂解法,以及方便快捷的硅膜离心技术,具有高效、快捷的特点,能在30min内完成全部操作。利用试剂盒能从1mL~5mL过夜培养的大肠杆菌菌液中纯化得到10μg~40μg高质量的质粒DNA(OD260/OD280=1.7~1.9),此质粒DNA可直接用于DNA序列分析、各种酶促反应、PCR以及部分细胞系的转染等,

图2-1-7 某种质粒试剂盒

其中要用到3种溶液以及硅酸纤维膜（超滤柱）。

溶液Ⅰ：50 mM 葡萄糖 /25 mM Tris-HCl/10 mM EDTA，pH 8.0；

溶液Ⅱ：0.2 N NaOH / 1%SDS；

溶液Ⅲ：3 M 醋酸钾 / 2 M 醋酸 /75% 酒精。

图 2-1-8 质粒提取操作流程

探究·实践

尝试用试剂盒提取大肠杆菌质粒

实验用具

质粒提取试剂盒，小型高速离心机（最大离心力大于等于12000*g），1.5mL 离心管，无水乙醇等。

实验步骤

（以某种小提试剂盒为例）见图 2-1-8 操作流程。

1. 准备工作。

检查 Buffer P1 中是否已经加入 RNaseA。

检查 Wash Solution 中是否已经加入乙醇。

检查 Buffer P2 和 Buffer P3 是否出现沉淀。

2. 取 1.5mL～5mL 过夜培养的菌液，8000*g 离心 2 分钟收集菌体，弃尽培养基。

3. 在沉淀中加入 250ul Buffer P1，彻底悬浮菌体。

4. 加入 250ul Buffer P2，立即温和颠倒离心管 5～10 次混匀。室温静止 2～4 分钟。

5. 加入 350ul Buffer P3，立即温和颠倒离心管 5～10 次混匀。

6. 12000*g 离心 5～10 分钟，将上清液移入吸附柱，8000*g 离心 30 秒，倒掉收集管中液体。

7.（选做）加入 500ul Buffer DW1，9000*g 离心 30 秒，倒掉收集管中液体。

8. 加入 500ul Wash Solution，9000*g 离心 30 秒，倒掉收集管中液体。

9. 重复步骤 8 一次。

10. 空吸附柱于 9000*g 离心 1 分钟。

11. 将吸附柱放入一个干净的 1.5mL 离心管中，在吸附膜中央加入 50～100ul Elution Buffer，室温静置 1 分钟后，离心 1 分钟。保存管中 DNA 溶液。

❀ PCR 原理

DNA 的半保留复制是生物进化和传代的重要途径。双链 DNA

在多种酶的作用下可以解旋，在 DNA 聚合酶的参与下，根据碱基互补配对原则复制成同样的两分子拷贝。研究发现，DNA 在高温时也可以发生变性解旋成单链，当温度降低后又可以复性成为双链。因此，PCR 利用了 DNA 的热变性原理，通过控制温度来控制双链的解聚与结合，现在使用的 PCR 仪也是一台能够自动调控温度实现 DNA 扩增的仪器（见图 2-1-9）。

PCR 是利用 DNA 在体外 95℃高温时会变成单链，低温（经常是 60℃左右）时引物与单链按碱基互补配对的原则结合，再调温度至 DNA 聚合酶最适反应温度（72℃左右），DNA 聚合酶沿着磷酸到五碳糖（5'-3'）的方向合成互补链。基于聚合酶制造的 PCR 仪实际就是一个温控设备，能在变性温度、复性温度、延伸温度之间很好地进行切换。

苏州自然条件优越，但受人类长期活动的影响，原始生态系统已发生变化，取而代之的是人工生态系统。仅仅在苏州西部人类活动稀少的山区，尚有少量较为原始的生态系统分布。

长期以来，苏州的自然生态系统发生了很大的变化。目前，原生的常绿阔叶林生态系统仅存于少数地点，大多数区域为次生的阔叶林，次生的灌丛、草丛、人工林、耕地或为建筑覆盖，人工生态系统已成为苏州生态系统的主体。物种种类多样性主要表现为西部多，中、东部少。苏州西部山地森林生态系统复杂，建立了包括穹窿山自然保护区（见图 2-1-10）、七子山国家森林公园等森林保护区。这里生物种类丰富，保存基本完整，破坏性小。而中部、东部由于地势平缓，人类活动多，开发利用时间长，自然生态环境破坏大，野生生物栖息地大多为人类占有，表现为物种种类少、生物多样性指数低。城市绿地系统网络虽已基本形成，但城区间绿地与绿量空间分布不均匀，生态功能较弱，生物多样性保护空间缺乏；城市道路改造缺乏对树木的长期性保护规划；园林绿化树种配置品种仍较单一，缺乏复层群落结构，三维绿量低。

知识链接

PCR（Polymerase Chain Reaction）即聚合酶链式反应，是一种用于放大扩增特定的 DNA 片段的分子生物学技术，它可看作生物体外的特殊 DNA 复制。PCR 的最大特点，是能将微量的 DNA 大幅增加。1983 年，美国人 Mullis 首先提出了这项技术的设想，1985 年由其发明了聚合酶链反应，即简易 DNA 扩增法，意味着 PCR 技术的真正诞生，如今 PCR 已发展到第三代技术。

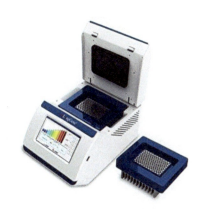

图 2-1-9　PCR 仪

图 2-1-10　苏州穹窿山自然保护区

知识链接

穹窿山地名典故

穹，是穷尽、大、深、高的意思，故而引申可作"天"讲，所谓"天形穹窿，其色苍苍"（《尔雅·释天·注》）。《说文解字系传》把"穹"字解释为"隆然上高也"。于是，"穹窿"就被用来形容"中间隆起，四边下垂"。穹窿山因山形"中间隆起，四边下垂"，形似穹窿，故名。

在生物多样性保护日益严峻的形势下，在苏州市人民政府的有效治理下，苏州也有令人可喜的变化。桃花水母（见图2-1-11）是一种濒临绝迹、古老而珍稀的腔肠动物，已有15亿年以上的生存历史，是地球上最为古老的生物之一。桃花水母对生存环境有极高的要求，但在苏州高新区境内的白马涧龙池，我们发现了这种古老生物的身影。这里也曾是越王勾践卧薪尝胆之处，被当地居民称为都市里的最后一块原生态"绿肺"（见图2-1-12）。

艺术鉴赏

送人游吴

唐·杜荀鹤

君到姑苏见，人家尽枕河。
古宫闲地少，水港小桥多。
夜市卖菱藕，春船载绮罗。
遥知未眠月，乡思在渔歌。

图 2-1-11 龙池中出现的桃花水母

图 2-1-12 白马涧龙池

这些直径大约在0.1厘米至1厘米之间的透明生物，在清澈的水中身体晶莹透明，显得柔软轻盈，姿态非常优美。其形状如桃花，故而得名。古老而珍稀的桃花水母是一种腔肠动物，非常稀少，活体又极难制成标本，其珍贵度可媲美大熊猫，堪称全球唯一生活于淡水水体的水母物种。研究专家指出，桃花水母是名副其实的"活化石"，具有极高的研究价值和观赏价值。其特有的基因对遗传学、生态学、现代基因工程等的研究具有重要价值，同时也为研究和了解物种的进化提供了条件。它们已被国家列为世界最高级别的极危生物，成为中国保护动物红色目录中的一级保护动物。

近年来，随着开发建设的不断深入，自然生态环境得到逐步改善，尤其是湿地面积在不断增加，我们欣喜地发现，一些原来少见的水禽鸟类，如野鸭、白鹭等，种群数量正明显增加。冬季，有一些迁徙候鸟来此越冬，也从一个侧面反映出生态环境正在不断改善。苏州的生物多样性保护与发展正朝着一个比较好的方面发展。

二 生物多样性的意义

环顾四周，你会发现生物多样性使这个世界变得更美好，使我们的生活更加多姿多彩。艺术家在这些优美的环境中获得灵感，创作出音乐作品、绘画作品、摄影作品及文学作品。古代的文人骚客也特别钟爱苏州，留下了许多传世佳作。

那么，除了能使环境优美外，生物多样性还具有哪些重要意义呢？

✻ 生物多样性对大自然的重要性

大自然中的生物都是相互依存、相互作用的。没有了植物，动物无法生存；没有了动物传播花粉，很多有花植物无法繁衍；没有了分解者，落叶、烂根、动物的尸体残骸等将无法被分解，从而阻断了自然界正常的物质循环。科学家还发现，当生态系统中一种或多种生物消失时，这个区域内就会引发一系列的变化，进而造成更多种生物的灭绝，严重的话会导致该生态系统崩溃。生物多样性对生态系统的气候、水土保持、降雨等起到重要的调节功能，我们将之称为间接价值或生态功能。

✻ 生物多样性对人类生存的意义

对人类来说，许多植物、动物和微生物都有很大的经济价值。这些生物不仅为人类提供了食物，还提供了制造服装、药品和其他产品的原材料。可以说，正是由于地球上的生物多样性，人类才得到了所需的全部食品、许多药物和工业原料。例如，人类的食物包括各种蔬菜、水果、肉类以及主食等；其次，自然界的物种资源也为人类提供了大量的工业原料，如皮毛、皮革、纤维、香料、油料等；另外，维持生物多样性有利于人类抵抗疾病。许多物种是多种药物的来源，特别是中医里面许多药物都来自多种多样的生物。随着医学研究的深入，越来越多的物种被发现可作药用。例如，抗生药物奎宁从金鸡纳树的树皮中提取（见图2-1-13）。抗癌药物紫杉醇从太平洋紫杉木中提取（见图2-1-14）。屠呦呦带领的课题组也是通过对黄花蒿等的研究，发现了青蒿素治疗疟疾的新疗法，屠呦呦（见图2-1-15）也因此获得了2015年的诺贝尔生理学或医学奖。

> **知识链接**
>
>
>
> 图2-1-15　屠呦呦
>
> 屠呦呦，1930年12月30日生于浙江宁波，1951年考入北京大学。1972年她和团队成功提取了一种分子式为$C_{15}H_{22}O_5$的无色结晶体，命名为青蒿素——一种用于治疗疟疾的药物，挽救了全球特别是发展中国家的数百万人的生命，因此获得了拉斯克奖和葛兰素史克中国研究中心"生命科学杰出成就奖"。她也是迄今为止第一位获得诺贝尔奖的中国科学家。

图2-1-13　金鸡纳树

图2-1-14　太平洋紫杉木

同时，生物多样性在旅游观赏、科学研究和文学艺术创作等方面也产生了非使用意义层面的直接价值。苏州有很多生态旅游度假

知识链接

表 2-1-4 精油种类及功效

精油种类	功效
玫瑰精油	保湿、补水、调节内分泌等
薰衣草精油	抗炎杀菌、舒缓肌肤、助眠等
茶树精油	抗炎杀菌、改善肌肤、水油平衡等
茉莉花精油	修护和调理肌肤、促进乳腺分泌、缓解月经期痛经等
天竺葵精油	减少肌肤异常油脂分泌和促进血液循环等
迷迭香精油	紧致皮肤、舒缓身体不适、改善头皮屑、偏头痛等
薄荷精油	消炎和减少肌肤油脂分泌、促进身体排汗，缓解感冒症状等
檀香精油	帮助肌肤保湿补水和柔软肌肤
鼠尾草精油	改善面部肌肤毛孔粗大和暗疮等
洋甘菊精油	舒缓和补水、缓解月经不调和痛经等

区，比如白象湾生态旅游区、太湖旅游度假区、阳澄湖生态休闲旅游度假区等，还有很多生态公园，如独墅湖生态公园、东沙湖生态公园等，形成了苏州特有的生态旅游资源体系。这些为人们提供了很多就业岗位，增加了人们的收入。

表 2-1-3　科学家对全球一些生态系统多样性价值的估价

生态系统	面积（$10^6 hm^2$）	单位面积价值（美元/$hm^2 \cdot a$）	全球价值（10^{12}美元/a）
海洋	33 200	252	8.4
热带雨林	1 900	2 007	3.8
其他森林	2 955	302	0.9
草地	3 898	232	0.9
湿地	330	14 785	4.9
农田	1 400	92	0.9

玫瑰精油的芳香令人陶醉，人们常用各种植物精油来制作香水等产品。很多植物都可以用来提取植物精油（见表 2-1-4）。它的使用历史极为悠久，早在 4500 年前，古埃及人就曾利用植物精油的抗菌特性来保存尸体，即我们所熟知的木乃伊。我国最早的医学典籍《黄帝内经》中也有运用芳香疗法治病的记载。

在 14 世纪，精油曾被广泛用于鼠疫、霍乱、瘟疫等疾病的治疗，只不过当时人们并没有精油的说法。"精油"一词的来历最早可追溯到 16 世纪，源自以一位瑞士科学家命名的药物。虽然精油的使用由来已久，但直到 20 世纪，精油才真正在实验室中得到研究，进入了快速发展的时期，现如今它已经在化妆、医疗、保健、食品、材料

创客空间

尝试精油萃取

实验用具

蒸馏装置（见图 2-1-18），玫瑰或其他植物花瓣 100 克，清水 200 毫升等。

实验步骤

1. 将器材进行组装。
2. 在蒸馏烧瓶中加入不超过容积 2/3、不少于容积 1/3 量的蒸馏水。
3. 用火柴点燃酒精灯，并对蒸馏烧瓶进行加热。
4. 等待一段时间，玫瑰花或其他花瓣颜色变浅，蒸馏后的蒸汽进冷凝管尾接管流出，精油便制作成功了。

等多个领域得到了广泛应用。

精油萃取是指从植物中萃取精油的方法。常见的精油萃取方法有水蒸气蒸馏法、冷冻压缩法（压榨法）、化学溶剂萃取法、油脂分离法（脂吸法）、二氧化碳萃取法、浸泡法等。在众多的方法中，蒸馏法是萃取芳香植物精油最常用的方法，95%的芳香植物精油是由蒸馏法萃取而得。

让我们一起尝试用蒸馏法提取植物精油吧！

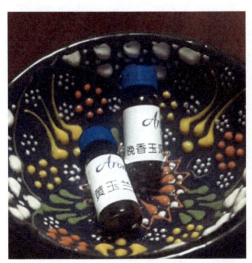
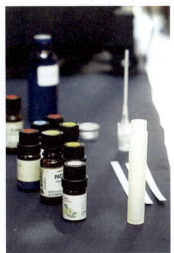

图2-1-16　自制精油及香水

精油不仅可以用来调制香水，还可以用来制作手工皂。所谓手工皂，就是自己动手做的香皂。手工制作香皂只需要油脂、NaOH、水等原料。手工香皂的泡沫细腻丰富，能彻底清除毛孔深处的油污，使肌肤滋润光滑，富有弹性。再加入食用色素、天然植物精油、植物花瓣、水果切片之后，就变得精致玲珑起来。含有植物精油的甘

> **知识链接**
>
> 蒸馏法是将含有芳香物质的植物部分（花朵、叶片、木屑、树脂、根皮等）放入一个大容器，在容器底部，加热燃烧或通入蒸汽。当炙热的蒸汽充满在容器里时，会将植物内存的芳香精油成分随着水蒸气蒸发出来，并且随着水蒸气通过上方的冷凝管引入冷凝器内。冷凝器是一个螺旋形的管子，周围环绕着冷水，以使蒸汽冷却转化为油水混合液，然后流入油水分离器。比水轻的油会浮在水面，比水重的油就会沉在水底，剩下的水就是纯露。接着用分液漏斗进一步把精油和纯露分开存放。
>
>
>
> 图2-1-17　蒸馏装置

创客空间

制作手工皂

实验用具

植物精油、天然皂基、模具、硅胶刮刀、量杯、起泡剂、封口贴、自封袋、大烧杯、小烧杯、石棉网、火柴、三脚架、玻璃棒等。

实验步骤

1. 将天然皂基若干放在小烧杯中，并用大烧杯水浴加热。
2. 待皂基融化后加入植物精油两滴，起泡剂若干，并用玻璃棒搅拌。
3. 将融化的皂基倒入模具中。
4. 将模具放在通风阴凉的地方，过几天后待皂基凝固后将其取出装在自封袋中，并用封口贴贴好。

油皂，即称为精油皂。

从洗涤角度来看，手工精油皂和普通香皂的作用原理是一样的，但是用精油皂的效果更好。它不仅可以起到清洁的作用，还因为制作过程中不需要高温加热，最大限度地保留了植物油和其他添加物中含有的天然维生素和营养成分，因此对护理皮肤有一定的作用。精油香皂的泡沫细腻丰富，能彻底清除毛孔深处的油污，使肌肤滋润光泽，富有弹性。

敏感肤质的人，建议使用精油皂前在手臂或耳后先做皮肤测试。使用时可将皂体打湿，用手轻轻搓揉起泡后涂抹，皂体在脸上停留时间以不超过30秒为宜，以便让皮脂膜在最短的时间内恢复平衡状态。但是，手工精油皂由于没有添加防腐剂，保质期较短，这算是一个"美丽的遗憾"吧。保存时，通常可以将手工皂放在室内，避免阳光直射和受潮。使用完后，应将手工皂放在透水的皂盒或容器里，尽量保持皂体的干爽，千万不可泡在水里，那样会缩短使用的次数哦。

发挥你的想象，可以做出更多更漂亮的手工皂哦！赶快来试试吧。（见图2-1-18）

做手工皂的时候，我们可以使用现成的手工皂模具，也可以使用3D打印技术。

通俗地说，3D打印机是可以"打印"出真实的3D物体的一种设备，比如打印一个机器人、一辆玩具车等，甚至是食物等。这项打印技术称为3D立体打印技术。

三维打印的设计过程是：先通过计算机建模软件建模，再将建成的三维模型"分区"成逐层的截面，即切片，从而指导打印机逐层打印。

艺术鉴赏

图2-1-18 手工皂成品

创客空间

尝试3D打印手工皂模具

实验用具

3D打印机、办公用电脑等。

实验步骤

1. 3D建模

通俗来讲，就是通过三维制作软件将虚拟三维空间构建出具有三维数据的模型。比如，你想打印一只猫，那么你就需要有猫的3D打印模型。那么，如何获得猫的3D模型呢？方法有很多，最常用的是使用目前市场上的3D建模软件，比如3DMax、Maya、CAD等等，这些软件都可以用来进行三维建模。另外，一些3D打印机厂商也可提供3D模型制作软件。

第2章 大自然的馈赠
——苏州的生物多样性与保护

创客空间

2. 切片处理

什么是切片呢？切片实际上就是把你的3D模型切成一片一片，设计好打印的路径（填充密度、角度、外壳等），并将切片后的文件储存成.gcode格式。这是一种3D打印机能直接读取并使用的文件格式。然后，再通过3D打印机控制软件，把.gcode文件发送给打印机并控制3D打印机的参数，通过运动，使其完成打印。

3. 打印过程

启动3D打印机，通过数据线、SD卡等方式把STL格式的模型切片通过Gcode文件传送给3D打印机，同时，装入3D打印材料，调试打印平台，设定打印参数，然后打印机开始工作，材料会一层一层地打印出来，层与层之间通过特殊的胶水进行黏合，并按照横截面将图案固定住，最后一层一层叠加起来，就像盖房子一样。最终经过分层打印、层层黏合、逐层堆砌，一个完整的物品就会呈现在我们眼前了（见图2-1-20）。

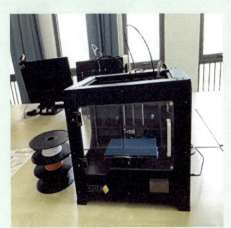

图2-1-19　3D打印机

图2-1-20　3D打印手工皂模型

知识链接

什么是3D打印技术呢？与日常生活中使用的普通打印机相比，3D打印机与普通打印机工作原理基本相同，只是打印材料有些不同，普通打印机的打印材料是墨水和纸张，而3D打印机内装有金属、陶瓷、塑料、砂等不同的"打印材料"，是实实在在的原材料，打印机与电脑连接后，通过电脑控制可以把"打印材料"一层层叠加起来，最终把计算机上的蓝图变成实物。

1986年，美国科学家Charles Hull开发了第一台商业3D印刷机。

1993年，麻省理工学院获3D印刷技术专利。

1995年，美国Z Corp公司从麻省理工学院获得唯一授权并开始开发3D打印机。

2005年，市场上首个高清晰彩色3D打印机Spectrum Z510由Z Corp公司研制成功。

2010年11月，美国Jim Kor团队打造出世界上第一辆由3D打印机打印而成的汽车Urbee。

2011年6月6日，发布了全球第一款3D打印的比基尼。

2013年10月，全球首次成功拍卖了第一款名为"ONO之神"的3D打印艺术品。

图2-1-21　3D打印汽车Urbee

生物多样性具有重要的价值和意义，苏州有着丰富的生物多样性，这为苏州这座古老而年轻的城市的持续、健康、稳定、协调发展奠定了坚实的基础。

一、概念应用

1. 石湖景区是苏州丰富的湿地资源之一，属于湿地生态系统。下列有关湿地生态系统作用的叙述中，错误的是（　　）。

   A. 能调节区域小气候　　　　　　　　B. 能有效蓄水、吸污和净化水质

   C. 是生物多样性最丰富的生态系统　　D. 是两栖动物、鸟类和其他野生生物的重要栖息地

2. 在石湖景区内的"动物世界"，按照动物生活习性，划分了猛兽区、草食区、鸟禽区等6个模拟自然的动物栖息地。右图是园中部分食肉目动物的分类图解。据图分析，下列有关叙述正确的是（　　）。

   A. "属"是分类系统中最基本的单位

   B. "目"是分类系统中最大的分类单位

   C. 猫和虎这两种动物最为相似

   D. 猫和虎的亲缘关系比虎和豹的亲缘关系远

二、科学思维

1. 校园生物大搜索：科学家常常要对一个区域的动植物种类和分布情况进行调查，我们的校园是一个很小的区域，让我们也像科学家那样进行调查，弄清我们校园中动植物的种类和分布情况吧。

   小贴士：调查校园中的动植物要注意些什么呢？

   （1）如果要找生活在土壤中的小动物，可以带上小铲子，最好再带上放大镜。

   （2）我们还可以从脚印、粪便、毛发等踪迹来推测躲藏起来的动物。经常飞来的鸟也应该被记下来。

   （3）不要采摘植物和伤害动物。

   （4）边调查边记录，尽量不要漏掉校园中的每一种动植物。

   （5）最后，把各小组的调查结果汇集成一个全班的调查表。

2. 制作校园生物分布图。

   将各小组的调查报告进行汇总后，我们共同来制作一幅校园生物分布图，展现校园生物大家庭。

   思考：

   （1）观察校园生物分布图，说一说校园哪些地方的生物种类较多。

   （2）如果将我们调查的范围扩大到整个苏州市，生物种类的数量会发生什么变化？

   小贴士：如果有的地点生物种类太多，图上写不下了，也可以用编号的方式进行，还可以将我们画的生物图剪贴在分布图旁边，用箭头指出它所在的位置。你还能想出其他办法吗？

第 2 节 且行且保护
——保护苏州的生物多样性

"能力越大，责任越大。"人类是地球上唯一能制造工具并使用工具的高等生物，没有谁会希望我们的子孙后代生活在满目疮痍的地球上，所以，我们必须保护地球上生物的多样性。生物多样性是人类社会赖以生存和发展的基础。

学习目标

- **了解** 苏州生物多样性的现状
- **阐述** 生物多样性减少的原因
- **概述** 保护生物多样性的措施

关键词

- 生物多样性减少的原因
- 保护生物多样性的措施

一 生物多样性减少的原因

虽然苏州的生物多样性保护得当，但我们也发现，由于生存环境的压缩，城市化进程的加速，之前经常可以见到的一些诸如獐类的动物已越来越难觅踪迹，生物多样性呈萎缩之势。

一次自然灾害，如地震或者火山喷发，可以破坏一个生态系统，毁灭群落，甚至一些物种。人类活动同样也会威胁生物多样性。这些行为包括：毁坏栖息地、偷猎、污染和随意引入外来物种等。

随着苏州的不断开发与开放，很多生物赖以生存的栖息地也遭到了不同程度的破坏。例如，很多耕地被征用，建起了厂房或变成了住宅小区。某些工厂违反国家规定，违规排放污染物。这些污染物可能通过饮用水或呼吸的空气进入动物体内；也可能存在于土壤中，被植物吸收以后通过食物链在各级生物体内富集；还可能导致生物死亡或免疫力降低，甚至导致天生缺陷或个体死亡。

据调查，苏州市两栖与爬行类的多样性指数日益下降，多种兽类绝迹，鱼的种类急剧下降。20世纪90年代可监测到的太湖鱼类有107种，但近年能捕捞到的只有60多种。有些洄游性鱼类和爬行类已绝迹多年，如中华鲟、松江鲈鱼、暗纹东方鲀、胭脂鱼、长吻鮠等（见图2-2-1）。同时，苏州生物多样性还呈现出了鱼类、藻类个体小型化的趋势。可以说，各个物种的出现和消失，都密切关系并影响着我们的生存环境。

同时，随着经济和社会的发展，苏州引进了越来越多的观赏植物，从常见的草坪品种马尼拉草到北美青羊毛草乃至名目繁多的绿化树种，极大地丰富了本地的物种资源，也起到了美化本地区环境的效果。我们在接纳这些外来物种的同时，也发现外来物种入侵带来了一些新问题，需要引起我们的足够重视。比如加拿大一枝黄花（见图2-2-2），这种植物色泽亮丽，常用于插花中的配花。1935年作为观赏植物引入中国，后逸生成恶性杂草。它们繁殖力极强，传播速度快，生长优势明显，生态适应性强，与周围植物争夺阳光、肥料，

图 2-2-1 已绝迹的洄游性鱼类

图 2-2-2 加拿大一枝黄花

导致其他植物死亡，从而对生物多样性构成了严重威胁，所谓"黄花过处寸草不生"，故被称为"生态杀手""霸王花"。

图2-2-3 小龙虾

小龙虾又称克氏原螯虾，是一种淡水螯虾（见图2-2-3），也是很多人舌尖上的美味。它们属于节肢动物门甲壳纲蝲蛄科螯虾亚科。小龙虾原产北美洲，主要栖息地是墨西哥湾沿岸，特别是密西西比河口附近的区域。1929年小龙虾经日本进入中国。由于在我国尚无天敌，经几十年扩散，已形成全国性最常见的淡水虾类，广泛分布于长江中下游各地江河湖泊，甚至是城市下水道中。小龙虾所到之处，水生植物、小鱼小虾、浮游生物、底栖生物、藻类、腐尸几乎一扫而光，已影响甚至改变了当地的生态系统，生物学家已经将其列为"中国入侵物种"。

由此可见，大多数外来物种进入一个新的地区时，由于缺乏天敌，加之环境条件适宜，来自种内斗争的压力并不太大等，往往会呈现"丁"型增长的态势，需要引起重视，并合理控制其数量。

科学思维

根据表2-1-3及下图苏州市50年来耕地面积和人均耕地面积变化趋势图，计算从1949年到2001年苏州的耕地大约减少了多少？

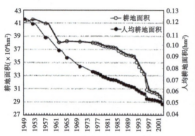

图2-2-4 苏州市50年来耕地面积和人均耕地面积变化趋势

资料来源：《资源科学》2005年第4期，《苏州市近50年耕地资源变化过程与经济发展关系研究》。

技能训练

观察螯虾

实验器材

螯虾、镊子、塑料盆、自来水等。

实验步骤

1. 用手轻轻捏一捏螯虾的体表，感觉它的硬度。
2. 观察螯虾的身体，思考它的身体由哪些结构组成，这些结构对螯虾又有哪些作用？
3. 使用镊子依次观察螯虾头胸部的器官。
4. 用镊子夹住头胸甲左侧下缘，轻轻揭起头胸甲，观察螯虾的鳃。（注意：实验过程中安全使用镊子。）
5. 使用镊子依次观察螯虾腹部的器官。
6. 将螯虾放在无水的塑料盆中，观察螯虾的运动情况。
7. 将螯虾放在盛有自来水的塑料盆中，再观察螯虾在水中的运动情况。

第2章 大自然的馈赠
——苏州的生物多样性与保护

图 2-2-5　螯虾结构图 1

图 2-2-6　螯虾结构图 2

图 2-2-7　螯虾结构图 3

知识链接

螯虾大揭秘

螯虾也叫克氏原螯虾，体表有甲壳，即外骨骼，比较坚厚。其全身的体节组合为2个体部，即头胸部和腹部。头胸部由头部6体节与胸部8体节相互愈合而成，背面有1块特别发达的甲壳，称为头胸甲。头胸甲的前端有个尖的突起，称为额剑。头胸甲有保护躯体、附肢和鳃的功能，额剑可在游泳中起到平衡身体的作用。除第1体节和尾节无附肢外，螯虾共有19对附肢。

螯虾的头胸部长有触角、眼、口肢、胸肢等器官。触角有2对，第1对触角短小，第2对触角长而粗大。额剑两侧各有1个可自由转动的眼柄，其上着生复眼。3对口肢是摄食的主要器官。胸肢有8对。前3对为颚足，是摄食的辅助器官。后5对为步足，前3对步足为螯状，第1对特别强大、坚厚，故称螯虾。

螯虾的鳃着生于后2对颚足和5对步足的基部，呈丝状。鳃室内的水不停地内外循环，使鳃永远洗浴于新鲜水中，这样血液流经鳃时，可以获得足够的氧气。

螯虾腹部由7体节组成，前6节具有成对的附肢，第7节锥状，无附肢。

二、保护苏州生物多样性，我们在行动

很多人正在为保护世界上的生物多样性而努力，有些人致力于保护个别的濒危物种，另一些人则尝试着保护整个生态系统。保护生物多样性一般有以下方法。

❋ 依法保护

为了更好地保护生物多样性，包括我国在内的许多国家签署了国际《生物多样性公约》，我国也先后颁布了《中华人民共和国森林法》《中华人民共和国野生动物保护法》和《中国自然保护纲要》等法律法规。

❋ 建立自然保护区

保护生物多样性最有效的方式是保护整个生态系统。这不仅保护了濒危物种，也保护了其他的与之相关的物种及其栖息地。苏州的光福自然保护区，位于江苏省吴中区内，地处长江南岸太湖之滨。保护区属剥蚀、侵蚀的低山丘陵，山势浑圆，坡度20～25度。由于流水侵蚀，丘陵形成了许多底部宽平、涧外倾斜的冲谷。气候受季风和太湖影响，温暖而潮湿。冬季有寒潮低温侵袭。这里有北亚热带常绿落叶阔叶混交林，有许多珍稀植物。保护区主要保护这里的自然环境和自然资源。

图 2-2-8　光福自然保护区

❋ 采取迁地保护的措施

有些生物因为原本适宜的生存环境不复存在、物种数量极少或难以找到配偶等原因，人们将其移入动物园、植物园、水族馆等场所进行特殊的保护和管理。上方山森林动物世界是苏州地区唯一一家集野生动物保护繁育、科普教育、生态游览及休闲娱乐于一体的综合性自然保护区，也是一个生境模拟展区。苏州海洋馆位于苏州市太湖国家旅游度假区环太湖大道28号，馆内有着全球各大洋的珍稀海洋动物。这里有国内唯一的以长江和太湖鱼类为主的淡水展示区，这个淡水展示区中有国家一级保护动物中华鲟、长江刀鱼以及太湖内的各种鱼类，也可以看到来自红海、印度洋、南太平洋等全球各大洋的珍稀海洋生物。

图 2-2-9　上方山森林动物世界

图 2-2-10　苏州海洋馆

❋ 用人工养殖、栽培和人工繁殖的方法抢救濒危物种

中国华南虎苏州培育基地位于苏州古城东南方石湖风景管理区石湖湖中蠡岛上，总面积为39 960平方米，其中水面13 320平方米，与上方山隔水相望。中国虎即华南虎，是中国特有亚种，现今它的数量比大熊猫还要稀少，被国际自然保护联盟红皮书列为"濒危"级别。国家林业局对华南虎种群调查后认为，其野生种群存在

的可能性已经不大，野生的华南虎已是"功能型灭绝"。该基地现有14只老虎，6公8母。而全国近百头华南虎近一半都是从苏州引进的，绝大部分的华南虎和苏州华南虎都存在着亲缘关系，因而苏州石湖基地也被称为"中国华南虎基因库"。目前，华南虎正面临着深重的"基因危机"，因此，圈养保持华南虎的种群数量成了当务之急。

三 国际生物多样性日

生物多样性是地球上的生命经过几十亿年发展进化的结果，是人类赖以生存的物质基础。为了保护全球的生物多样性，1992年在巴西首都里约热内卢召开的"联合国环境与发展大会"上，153个国家签署了《生物多样性公约》。1994年12月，联合国大会通过决议，将每年的12月29日定为"国际生物多样性日"，以提高人们对保护生物多样性重要性的认识。2001年将国际生物多样性日由每年12月29日改为5月22日。

图2-2-11 苏州华南虎基地的专家和培育的小华南虎

表2-2-1 国际生物多样性日历年主题

时间	主题
2001年	生物多样性与外来物种管理
2002年	农林生物多样性
2003年	生物多样性和减贫——对可持续发展的挑战
2004年	生物多样性：全人类食物、水和健康的保障
2005年	生物多样性——变化世界的生命保障
2006年	保护干旱地区的生物多样性
2007年	生物多样性与气候变化
2008年	生物多样性与农业
2009年	外来入侵物种
2010年	生物多样性、发展和减贫
2011年	森林生物多样性
2012年	海洋生物多样性
2013年	水和生物多样性
2014年	岛屿生物多样性
2015年	生物多样性助推可持续发展
2016年	生物多样性与气候变化
2017年	生物多样性与旅游可持续发展

技能训练

选一个合适的时间与父母一起参观上方山森林动物世界、苏州海洋馆或植物园等地，并设计一张表格，将你看到的生物种类记录在表格中，如表2-2-2所示。

表2-2-2 生物种类记录表

名称	生活环境	特点

知识链接

你知道《姑苏繁华图》现存于哪个博物馆吗？

《姑苏繁华图》原藏于清宫，曾经被著录于《石渠宝笈续编》，居住在宫内的溥仪将一批字画文物以赏赐弟弟溥杰的名义偷运出宫，其中就包括《姑苏繁华图》。"九•一八"后，日本建立伪满洲国，溥仪将文物秘密运到长春，存放在伪皇宫的小白楼内。日本投降后，溥仪出逃，留在小白楼内的文物遭到卫官偷抢，《姑苏繁华图》流落民间，后被东北文物保管委员会收回。1948年11月3日，该批文物从哈尔滨运至沈阳，被东北博物馆即后来的辽宁省博物馆收藏。

图 2-2-13　辽宁省博物馆

社会责任

图 2-2-12　生物多样性海报

你对保护家乡的生物多样性有什么好的建议？请根据家乡实际，写一篇关于保护家乡生物多样性的倡议书。或者利用报纸、期刊、书籍、广播电视以及互联网等，搜集有关国际生物多样日的资料，为今年的国际生物多样性日设计一个主题、宣传标志，并以小组为单位设计一份海报。

苏州四季分明，气候温和，雨量充沛。亚热带季风海洋性气候使每个季节、每处风景都染上了动人的"容颜"：春之暖、夏之热、秋之爽、冬之冷。"雨惊诗梦来蕉叶，风载书声出藕花"，大自然不仅赐予了苏州靓丽的美景，也孕育了这里的大千世界。时光带走了苏州的故人，却带不走这里人与自然的故事，这些都是大自然的馈赠，为了延续这自然的馈赠，我们每个人都要行动起来。

学习本章内容后，你是否对苏州的生物多样性所面临的困境以及苏州在保护生物多样性方面要做的工作有了进一步的了解？"江南好，风景旧曾谙。"打开徐扬《姑苏繁华图》长长的画卷，透过旧时墨色，走进两百多年前的繁华苏州，仿佛听见了古运河中阵阵橹声，山塘街上悠悠丝竹声，以及街市上的往来喧嚣。跨过历史的长河，大自然如一位艺术家，塑造了无数的生灵。当我们漫步山野，撷取大自然的各个片段时，才会感受到大自然的馈赠。

图 2-2-14　姑苏繁华图（局部）

一、概念理解

1. 苏州历来非常重视保护生物多样性，在原石湖景区基础上打造的上方山石湖生态园项目已基本建成。下列有关苏州保护生物多样性的叙述，错误的是（　　）。
   A. 新建成的植物园采取的是迁地保护的措施
   B. 新建成的动物园采取的是就地保护的措施
   C. 华南虎养殖基地是用人工方法抢救濒危物种
   D. 《苏州市湿地保护条例》依法保护生物多样性

2. 为了保护鸟类的多样性，下列哪一项是你不应该做的（　　）。
   A. 制作人工鸟巢
   B. 搭建饲养台
   C. 不掏鸟卵、不捉雏鸟
   D. 把小鸟捉回家精心喂养

3. 对于媒体经常报道的"生物入侵"，以下叙述错误的是（　　）。
   A. 作为一种脱离原生态制约而疯狂生长的外来物种——水葫芦，它给我国带来了很多损害
   B. 科学家把生物随着商品贸易、人员往来而迁移到新的环境中并造成严重生态危害的现象叫生物入侵
   C. 严格防止生物入侵，坚决反对物种引入
   D. 海关检疫中，禁止游客携带新鲜水果、蔬菜入境，就是为了避免外国的害虫等入侵我国

二、科学思维

1. 在调查的基础上，评论栖息地的退化对苏州生物多样性造成了哪些影响。

2. 选择你所了解的一个物种，介绍并说明恢复其种群的多样性保护措施。

三、创客空间

收集苏州外来物种的资料，以小组为单位做一幅关于控制外来物种，保护苏州生物多样性的海报。

一、概念理解

1. 如果一个物种的所有个体都从地球上消失了，那么这个物种（   ）。
   A. 灭绝　　　　　　　B. 濒危　　　　　　　C. 可再生　　　　　　D. 受威胁

2. 通过哪种方式能够最有效地保护生物多样性（   ）。
   A. 分割栖息地　　　　B. 毁坏栖息地　　　　C. 保护栖息地　　　　D. 圈养

3. 来自太平洋紫杉树的紫杉醇是一种药物，常用于治疗（   ）。
   A. 心脏病　　　　　　B. 癌症　　　　　　　C. 肾病　　　　　　　D. 糖尿病

4. 一个区域内的物种的数目称为（   ）。
   A. 种群　　　　　　　B. 竞争　　　　　　　C. 生物多样性　　　　D. 环境容量

5. 一份环境影响报告描述了开展一项计划可能对环境造成的影响。下面哪一个选项应包含在南极开采石油的环境影响报告中（   ）。
   A. 石油钻井开采的费用　　　　　　　　　　B. 石油开采的预估量
   C. 石油泄漏对南极生物的影响　　　　　　　D. 石油产量的增加对经济的影响

6. 描述一个外来物种会如何威胁生态系统中的其他物种。

7. 今天一个物种的灭绝将会对你20年以后的生活产生怎样的影响？

二、科学思维

1. 中国已有5 000多年的吃蟹历史。在长江三角洲，考古工作者在对上海青浦的淞泽文化、浙江余杭的良渚文化层进行发掘时发现，在我们先民食用的废弃物中，有大量的河蟹蟹壳，这表明中国人吃蟹的历史十分悠久，而西欧、北美的一些国家至今还不敢吃河蟹。经过长期的历史沉淀，阳澄湖大闸蟹以其体大膘肥、青壳白肚、金爪黄毛、肉质膏腻等特点深受广大消费者喜爱。请你依照观察螯虾的实验设计，观察河蟹，初步了解河蟹的结构特点，并与其他同学交流观察结果。

2. 阳澄湖湖面开阔，是阳澄湖大闸蟹生长的理想之地。但是，近年来随着人工养殖的加剧，滥用药物、饲料等行为对阳澄湖造成了一定的污染。想一想，采取什么措施既能使人们留住舌尖上的美味，也能保护阳澄湖的生态环境？

烟雨姑苏茶飘香
——苏州茶文化和采茶制茶

苏州的茶文化发端于西汉，发展于东晋南朝，极盛于唐、宋，明、清独领风骚。苏州历代茶书专著颇丰，今存28种，有唐代陆羽的《茶经》、宋代叶清臣的《述煮茶泉品》、南宋审安老人的《茶具图赞》、明代顾元庆的《茶谱》、明代张谦德的《茶经》、清代陈鉴的《虎丘茶经注补》等。

苏州产茶，名茶也有很多，如虎丘白云茶、洞庭山茶、虞山白茶等。其中，最有名的要数碧螺春茶了，诗曰："洞庭帝子春长恨，二千年来茶更香。入山无处不飞翠，碧螺春香百里醉。"洞庭碧螺春茶产于苏州太湖洞庭山，属绿茶。其茶，色泽碧绿，形似螺旋，产于早春。碧螺春茶早在唐末宋初已被列为贡品，是苏州人最喜欢的一种饮品。但凡品饮过碧螺春茶的人，都会被它嫩绿隐翠、叶底柔匀、清香幽雅、鲜爽生津的绝妙韵味所倾倒。究其原因，主要是在姑苏洞庭地区，人们常将碧螺春茶树种在枇杷树下、杨梅林旁、板栗园中，碧螺春茶叶沾染了天地灵气，日月精华，与枇杷、杨梅、板栗的花香果甜浑然一体。所以，碧螺春茶的香是含蓄的、凝练的、内敛的……一如苏州人的脾性，精致、淡雅、隽永、温和。那么，苏州碧螺春茶的前世今生里究竟深藏着怎样的动人故事？怎样的栽培、制作，才能让我们品尝到那隽永柔雅的味道呢？

烟雨姑苏，我有茶，你有故事吗？

内容提要

* 碧螺春的前世今生
* 碧螺春茶的采摘和炒制
* 碧螺春不同茶叶品质的比较
* 依托碧螺春茶文化打造旅游资源

学习本章意义

苏州是碧螺春茶的重要产地。通过了解苏州茶文化，追溯茶的历史，亲自体验采茶和制茶的过程，了解工艺，你将在本章从感官到操作全面地认识苏州的碧螺春。

第 1 节　梦回太湖　吓煞人香
——碧螺春茶的前世今生

学习目标

了解　苏州碧螺春茶的前世和今生
概括　苏州碧螺春茶的特点
尝试　苏州茶文化知识竞答

关键词

- 碧螺春茶的历史
- 苏州茶文化

苏州西山岛四季分明,是碧螺春茶的重要产地。每年3月底,西山茶农都会忙于碧螺春茶的生产。太湖水面,水气升腾,雾气悠悠,空气湿润,土壤呈微酸性或酸性,质地疏松,极宜于茶树生长,所以碧螺春茶叶具有特殊的花香味。碧螺春,中国十大名茶之一,是苏州特产。它不单是一种饮品,更包含着传承千年的文化。

一　茶文化简介

"自从盘古开天地,三皇五帝到如今。"茶不仅生长在神州大地,而且早已为人们所发现,并一直造福于各族人民。根据古书记载:"神农尝百草,日遇七十二毒,得茶(茶通荼)而解之。"远在上古时期,三皇之一的神农便发现了茶,并将其用作药料。商朝及商朝以前,茶被视为珍物,用作祭品。商朝以后,茶发展成为贡品。春秋时期,人们用茶树鲜叶做饭菜,因味苦涩,故称之"苦菜"。

西汉时期,随着茶叶生产的发展,我国西南地区已出现茶叶市场。到了东汉,人们开始重视和研究茶的药用价值,著名医药家华佗的《食论》中称"苦茶久食益意思"。魏晋时期,人们采茶制饼,饼成,以米膏出之,茶的制作技术与文化开始积累。六朝时期,我国佛教盛行,茶与佛教产生互动,其效果十分明显,佛教传播了茶及茶文化,茶与茶文化推动了佛教事业的发展。

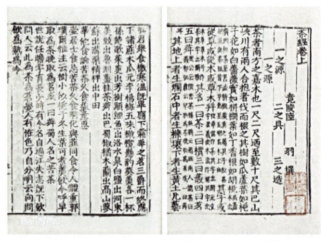

图 3-1-1　《茶经》

唐代,出生于湖北天门的陆羽因自幼学禅饮茶、研读典籍,后在展开大量茶区走访与调研的基础上,总结并撰写了世界第一部茶

图 3-1-2　陆羽像

叶专著——《茶经》，不仅促进了唐朝的茶叶生产，也带动了一大批文人墨客潜心茶事，为发展茶文化做出了贡献。宋代，因茶叶产地继续扩大，茶叶产量剧增，茶文化更加繁荣。这一历史时期，仅茶叶专著传世的就有20余部。

明朝，茶叶专著极其丰富，涉及面宽广。清代，中国茶与茶文化仍有发展，特别是继明朝制成绿茶、黄茶、黑茶之后，又发明了白茶、红茶、青茶的制法，形成了中国独创的六大茶类。

新中国成立后，在党和政府的高度重视下，先进的茶叶栽培采制技术得以推广，我国的茶叶生产走上了科学规范的发展道路。20世纪80年代以来，中国茶及茶文化更是有了长足的发展。尤其是进入21世纪，我国茶叶产业迅猛发展，随之茶文化成了中国文化的重要组成部分。今天，生活中的以茶待客、以茶会友、以茶为礼、以茶修德已成为普遍的习俗，中国茶与茶文化已成为东方文明的象征。

1959年，在中国"十大名茶"评比会上，西湖龙井、洞庭碧螺春、黄山毛峰、庐山云雾茶、六安瓜片、君山银针、信阳毛尖、武夷岩茶、安溪铁观音、祁门红茶被评为中国"十大名茶"。

诗词欣赏

两碗茶

食罢一觉睡，起来两碗茶。
举头看日影，已复西南斜。
乐人惜日促，忧人厌年赊。
无忧无乐者，长短任生涯。
——白居易

待到春风二三月，
石炉敲火试新茶。
——魏时敏

蚕熟新丝后，
茶香煮洒前。
——杨基

汲来江水烹新茗，
买尽青山当画屏。
——郑板桥

科学思维

在众多饮品中，为何茶能流传千年？各地区为何能形成各具特色的茶饮？

西湖龙井

洞庭碧螺春

黄山毛峰

庐山云雾茶

六安瓜片

君山银针

信阳毛尖　　　　　　武夷岩茶

铁观音　　　　　　　祁门红茶

图3-1-3　"十大名茶"

知识链接

绿茶和红茶

从茶叶外形上看，绿茶茸毫披露，显芽锋，汤色明亮，香气清高，滋味醇爽，成绿茶色调。而红茶芽毫显露，色泽乌润，汤色红艳明亮，叶底鲜红，香气芬芳，馥郁持久。

从加工工艺上看，红茶属于全发酵茶类，经过发酵后，红茶中的茶多酚因化学反应减少了百分之九十以上，并产生了茶黄素、茶红素等新成分。绿茶则属于不发酵茶类，而绿茶未经过发酵，因此保留了许多茶叶中原有的成分，含有的茶多酚、儿茶素、叶绿素、咖啡碱、氨基酸、维生素等营养成分也较多。

技能训练

探秘"十大名茶"

活动准备

学生分组、"十大名茶"若干、茶具若干。

活动流程

1. 老师展示"十大名茶"的特征。
2. 各小组根据所学，鉴别出各种茶叶的品种。
3. 泡制"十大名茶"。
4. 品尝"十大名茶"。

拓展应用

查找资料，了解"十大名茶"的历史文化。

知识链接

从古文记载可以看出，"旧贡美茶"与"水月茶"实属两种不同的茶，前者出现在宋朝之前，后者则是在宋代"为吴人所贵"。《吴郡图经续记》成书于宋神宗元丰七年（1084年），因此"水月茶"大概也就诞生在元丰前后。苏州洞庭西山开始"贡水月茶"，时间大概是在元丰（1078—1086）时的最后两年。

二、苏州碧螺春茶的前世传奇

据记载，洞庭西山岛的茶叶早在隋唐时期即负盛名，已有千余年的历史了。太湖洞庭山分东、西山，因此也产生了茶客对东、西两山所产碧螺春茶的说法。唐代陆羽《茶经》"茶之出"中曾提到："苏州长洲县生洞庭山。"《茶经》中所说的茶，还不是今天的碧螺春茶，而是洞庭山地区所产的团茶。关于西山岛水月寺的"水月茶"，宋代朱长文《吴郡图经续记》中记载："洞庭山出美茶，旧入为贡，《茶经》

云长洲县生洞庭山者，与金州蕲州味同。近年山僧尤善制茗，谓之水月茶，以院为名也，颇为吴人所贵。"

水月坞位于太湖七十二峰之首的西山主峰——缥缈峰西北麓，在苏州市吴中区西山镇堂里村西南部，因山坞内原有水月寺而得名。水月寺始建于梁大同四年（538年），为一代江南名刹，唐代白居易、宋代苏舜钦等文人均有诗作，"文革"时寺院被毁，尚存寺基及明清碑记。水月坞还有无碍泉、墨佐君坛等古迹。唐朝时水月坞所产"水月茶"已进贡长安，为"碧螺春"名茶的发源地。洞庭碧螺春茶的前身是产于西山水月坞的水月茶，又称"小青茶"。

图 3-1-4　水月禅寺图

科学思维

你去过西山岛吗？参观过那里的茶场吗？家里有亲戚朋友喜爱品茶的吗？讲讲与他们有关的茶故事吧！

和同学们说一说你品尝过哪些茶？介绍一下这些茶的特点，并与碧螺春茶进行对比，说说你的感受。

至明末清初，水月茶俗称为"吓煞人香"。成书于清雍正十二年（1734年）的陆延灿的《续茶经》记载："洞庭山有茶，微似岕山而细，味甚甘香，俗呼吓煞人香。"

至清康熙三十八年（1699年）四月，康熙皇帝南巡浙江，回京时途经苏州，江苏巡抚宋荦以洞庭"吓煞人香"茶进献，康熙饮后大加赞赏，因其茶"清汤碧绿，外形如螺，采制早春"，遂赐名"碧螺春"，自此，碧螺春茶每年进贡，名扬天下。

综合史料可以看出，苏州西山茶叶的发展经历了唐代"旧贡美茶"（团茶），宋代"水月茶"，明代"云雾茶"，清代"碧螺春"茶。所以，碧螺春茶不是因为几个神话而来，而是经过了数百年演变、革新而来的。

艺术鉴赏

水月开山大业年，朝廷敕额至今存。
万株松覆青云坞，千树梨开白云园。
无碍泉香夸绝品，小青茶熟占魁元。
当时饭至高阳女，永作伽蓝护法门。

——苏舜钦

三　苏州碧螺春茶的今生故事

洞庭"碧螺春"产区是中国著名的茶果间作区。茶树和桃、李、杏、梅、柿、桔、白果、石榴等果木交错种植，一行行青翠欲滴的茶蓬，像一道道绿色的屏风，蔽覆霜雪，掩映秋阳。茶树、果树枝丫相连，根脉相通，茶吸果香，花容茶味，陶冶着"碧螺春"花香果味的天然品质。得天独厚的生态环境，孕育了洞庭山碧螺春茶超凡脱俗的高雅品质，使之成了"茶中仙子"和"天下第一茶"。

碧螺春茶条索紧结，卷曲如螺，白毫毕露，银绿隐翠，叶芽幼嫩。冲泡后，茶叶徐徐舒展、上下翻飞，茶水银澄碧绿、清香袭人、口味凉甜、鲜爽生津。但凡品饮过碧螺春茶的人，都会被它嫩绿隐翠、叶底柔匀、清香幽雅、鲜爽生津的绝妙韵味所倾倒。泡成茶后，色嫩绿明亮，味清香浓郁，饮后有回甜之感。碧螺春茶以"形美、色艳、香浓、味醇"四绝闻名海内外。

图 3-1-5　碧螺春干茶

创客空间

茶知识竞赛

活动准备

学生分组、课前准备资料、知识竞赛题库、PPT 等。

活动流程

1. 主持人宣读竞赛规则。
2. 各组轮流回答必答题，答对得分。
3. 各组进入抢答环节，答对得分。
4. 统计各组分数。
5. 主持人宣布最终得分情况。
6. 获胜组颁奖。

拓展应用

查找资料，了解茶文化和名茶的知识。

作为我国古老的茶区之一，洞庭东、西山有一千多年的茶文化历史，积淀了丰富的茶文化旅游资源，形成了诸如茶文化遗址、建筑、民俗、技艺、节庆等人文旅游资源。既有康熙皇帝御码头、贡茶院、碧螺春茶起源地——水月禅寺等一批茶文化历史景观，也有墨佐君坛——唐代"茶圣"陆羽像、江南茶文化博物馆、茶文化展示馆等一批新兴特色茶文化建筑；特别值得称赞的是碧螺春制茶工艺已经列入我国非物质文化遗产名录，而新兴的"碧螺春茶文化旅游节"则每年都会吸引大批游客。

一、概念理解

1. 苏州的茶文化最早可以追溯到（　　）。
   A. 宋　　　　　　B. 唐　　　　　　C. 晋　　　　　　D. 西汉
2. 苏州碧螺春茶原产于（　　）。
   A. 东山　　　　　B. 洞庭山　　　　C. 水月坞　　　　D. 太湖
3. 苏州碧螺春茶在民间最早的名称为（　　）。
   A. 青茶　　　　　B. 吓煞人香　　　C. 云雾茶　　　　D. 碧螺春

二、科学思维

1. 请你分析目前苏州碧螺春茶的优势和劣势。

2. 请你尝试绘制出苏州碧螺春茶形成和演化的历史流程图。

三、技能训练

小调查：请你和你的小组成员设计一份关于"苏州碧螺春前世今生知多少"的问卷，并在周围人中进行调查，由全班分析调查结果。（技术小提示：问卷调查可以使用"问卷星"等网络调查进行，高效便捷。）

四、社会调查

和你的父母或爷爷奶奶聊一聊茶与茶文化，听听他们是怎样看待中国的茶文化的。如果条件允许，你可以将中国的茶文化、日本的茶道、西方的咖啡文化进行比较。

第 2 节　青青嫩芽　优雅转身
——碧螺春茶的采摘与制作

学习目标

了解　"碧螺春"采茶制茶的过程
概述　采茶制茶的大概流程
尝试　体验亲自采茶、制茶和品茶

关键词

- 碧螺春采茶和制茶的流程
- 采茶和制茶的技术要求

展开的"碧螺春"芽叶仿佛天上浮动的翠云，瞬间"白云翻滚，雪花飞舞"。碧玉色的茶汤和翠绿的芽叶交相辉映，"春染海底""绿满晶宫"，清香袭人。细吸慢品洞庭碧螺春茶的花果香味，不禁心旷神怡，仿佛置身于洞庭茶园果圃之中，可以领略到"入山无处不飞翠，碧螺春香百里醉"的意境。那么，青青嫩芽如何完成这优雅转身呢？

一　碧螺春茶的采摘

碧螺春茶的采摘有三大特点：一是摘得早，二是采得嫩，三是拣得净。每年春分前后开采，谷雨前后结束，以春分至清明采制的明前茶品质最为名贵。

通常初展芽叶、芽长1.6～2.0厘米的做原料，叶形卷如雀舌，称之为"雀舌"。炒制500克高级碧螺春茶约需采6.8万～7.4万颗芽头，历史上曾有炒制500克干茶需要9万颗左右芽头的记录。可见，茶叶之幼嫩、采摘功夫之深非同一般。细嫩的芽叶，含有丰富的氨基酸和茶多酚。优越的环境条件，加之优质的鲜叶原料，为碧螺春茶品质的形成奠定了物质基础。

图 3-2-1　碧螺春茶的嫩芽

知识链接

春分，是春季90天的中分点，大约为每年公历3月20日。春分这一天太阳直射地球赤道，北半球是春分，南半球则是秋分。"春分者，阴阳相半也，故昼夜均而寒暑平。"民间活动上，一般算作踏青的正式开始。

谷雨，是二十四节气中的第六个节气，也是春季最后一个节气，每年4月19日至21日，太阳到达黄经30°时为谷雨，源自古人"雨生百谷"之说。同时，这也是播种移苗、埯瓜、点豆的最佳时节。"清明断雪，谷雨断霜"，谷雨节气的到来意味着寒潮天气基本结束，气温回升加快，大大有利于谷类农作物的生长。

图 3-2-2　"碧螺春"茶园

第 3 章 烟雨姑苏茶飘香
——苏州茶文化和采茶制茶

图 3-2-3　刚采摘的碧螺春茶嫩芽

知识链接

缥缈峰位于苏州西山岛西部的西山主峰，海拔 336 米，为太湖七十二峰之首，被称为太湖第一峰。缥缈峰因经常被云雾笼罩，犹如传说中的缥缈仙境而得名。缥缈峰峰顶有一形似鹰嘴的巨石，上有李根源题写的"缥缈峰"三字。附近还有紫云泉、砥泉、仙人桌、登高台、望湖亭等遗迹。太湖风云多变，山峰常隐于云雾之中，缥缥缈缈，似仙山隔云海，如霞岭玉带连，有"缥缈晴峦"景观，为西山八大胜景之一。

技能训练

采摘碧螺春茶

活动准备
学生分组，准备采摘工具等。

活动流程
1. 跟随本组老师有序登上缥缈峰。
2. 听老师讲解采摘碧螺春茶的要求。
3. 各组进行采摘。
4. 按采摘的质和量，各小组之间进行互评。
5. 主持人宣布最终得分情况。

拓展应用
采访当地茶农，了解种茶文化和采茶知识。

图 3-2-4　采茶图

二　碧螺春茶的炒制

采回的芽叶必须及时拣剔，剔去鱼叶和其他不符合标准的芽叶，保持芽叶匀整一致。通常拣剔 1 千米芽叶，需费工 2~4 小时。其实，芽叶拣剔过程也是鲜叶摊放过程，可促使内含物轻度氧化，有利于品质的形成。一般 5~9 时采，9~15 时拣剔，15 时至晚上炒制，做到当天采摘，当天炒制，不炒隔夜茶。

新鲜紫芽　　　　　　残次茶芽

图 3-2-5　碧螺春茶芽叶拣剔

关于明代西山岛的制茶工艺，张源的《茶录》中有完整的记载。《茶录》云："造茶：新采，拣去老叶及枝梗碎屑。锅广二尺四寸。将茶一斤半焙之，候锅极热始下茶。急炒，火不可缓。待熟方退火，撤入筛中，轻团那数遍，复下锅中。渐渐减火，焙干为度。中有玄微，难以言显。火候均停，色香全美，玄微未究，神味俱疲。"这些归纳，真切地代表和反映了太湖地区炒青传统制造技术的实际最高水平。

碧螺春茶从茶青到干茶，费时费力，每一斤碧螺春茶的制作都需要一个庞大的工作团队。

知识链接

茶叶中的数学

1. 500 克干茶约需采 6.8 万～7.4 万颗芽头。
2. 500 克干茶（4 月中旬以前）约需 2 个采茶工人采摘茶青一整天（计 8 小时）。
3. 炒茶师炒一锅茶（750 克茶青一锅）耗时 45 分钟左右，500 克干茶从采摘到制成，约需多少小时？

从中可以估算，每天最多可以生产多少茶叶？

采制茶过程中的"七个坚持""七个不准"

1. 坚持采一芽一叶初展，不准剥芽采，超标准采。
2. 坚持只只芽头拣剔，反对带葍罗头，小黄片。
3. 坚持一斤左右投叶量，不准加大下锅量。
4. 坚持用手炒，不准戴手套等操作。
5. 坚持揉捻后洗锅，不准用力铲茶垢。
6. 坚持文火干燥，不准旺火快干。
7. 坚持用干净纸包装，不准用废纸、化肥袋等肮脏、有异味的包装袋。

图 3-2-6　碧螺春茶采制的标准

碧螺春茶的炒制分为下面几个过程。

✽ 杀青

炒茶在平锅内或斜锅内进行，当锅温达 190℃～200℃时，投叶 500 克左右，以抖为主，双手翻炒，做到捞净、抖散、杀匀、杀透、无红梗、无红叶、无烟焦叶，历时 3～5 分钟。

图 3-2-7　炒茶锅

图 3-2-8 碧螺春茶炒制的杀青

✿ 揉捻

锅温 70℃～75℃时，采用抖、炒、揉三种手法交替进行，边抖边炒、边揉，随着茶叶水分的减少，条索逐渐形成。炒时手握茶叶松紧应适度。

当茶叶干度有六七成时，炒茶 10 分钟左右，继续降低锅温，转入搓团显毫过程，历时 12～15 分钟。

图 3-2-9 碧螺春茶炒制的揉捻

✿ 搓团显毫

该程序是形成卷曲似螺、茸毫满披的关键过程。锅温 50℃～60℃时，边炒，边以双手用力地将全部茶叶揉搓成数个小团，不时抖散，反复多次，搓至条形卷曲，茸毫显露，有八成干时，进入烘干过程。历时 13～15 分钟。

> **科学思维**
>
> 鲜叶芽和成茶的含水量分别是多少？
>
> 可以利用有关水分测量仪进行测量对比，也可测量炒茶每个环节中茶叶的含水量。整理数据，进行数据分析。

> **知识链接**
>
> **水分测量仪**
>
> 快速水分测量仪广泛应用于各行各业需要快速检测水分的领域。便携式水分测量仪一般适用于现场的快速测定，操作更为简便，大大提高了工作效率。
>
>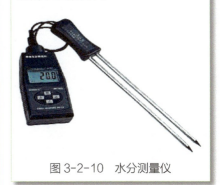
>
> 图 3-2-10 水分测量仪

第 3 章 烟雨姑苏茶飘香
——苏州茶文化和采茶制茶

科学思维

茶叶炒制过程中各个环节温度各不相同。想一想，不同温度条件下茶叶有什么变化？如何才能控制好炒茶的温度？

图 3-2-11 碧螺春茶炒制的搓团显毫

❋ 烘干

采用轻揉、轻炒手法，达到固定形状、继续显毫、蒸发水分的目的。当有九成干时，起锅将茶叶摊放在桑皮纸上，连纸放在锅上，文火烘至足干。锅温 30℃～40℃时，足干叶含水量 7% 左右，历时 6～8 分钟。全程约为 40 分钟。

科学思维

碧螺春茶在炒制中有"揉捻""搓团"的流程，想一想，这样的工艺是否会影响茶中的物质含量和茶的清香度？

图 3-2-12 碧螺春茶炒制的烘干

炒茶口诀：手不离茶，茶不离锅，揉中带炒，炒中有揉，炒揉结合，连续操作，起锅即成。

创客空间

小小炒茶师

活动准备

学生分组，准备炒制碧螺春茶的锅和工具等。

活动流程

1. 先欣赏茶农师傅的现场炒茶。
2. 听茶农师傅讲解炒制碧螺春茶的具体要求。
3. 各组推选学生代表。
4. 各组学生代表开始炒制碧螺春茶。
5. 各组分享成果。

拓展应用

采访当地茶农，了解茶文化和茶经济。

艺术欣赏

蟹眼已过鱼眼生，
飕飕欲作松风鸣。
　　　　——苏轼

雪乳已翻煎处脚，
松风忽作泻时声。
　　　　——苏轼

三、品尝自制的碧螺春茶

茶艺，可说是茶文化的综合体现，涵盖了茶饮的全过程，包括选茗、蓄水、煮茶、茶具、环境、情趣等，注重质朴自然，清新脱俗。茶俗是在饮茶过程中形成的习俗、礼仪。茶道则是体现在茶事实践中的旨趣、意境、精神。

唐人煎茶用姜，故薛能诗云"盐损添常戒，姜宜着更夸"，宋人陈鹄《耆旧续闻》更称"毗陵、京口煎茶用盐"。可见，唐代吴人煎茶时姜盐并入，饮茶方式古朴而多样化。五代吴僧文了善烹茶，游荆南，被高保勉父子呼为"汤神"，目为"乳妖"，可证五代吴地茶艺已独领风骚。

品茶有三乐，一曰"独品得神"，一个人面对青山绿水，在高雅的茶室，通过品茗，心驰宏宇，神交自然，物我两忘，此一乐也；二曰"对品得趣"，两个知心朋友相对品茗，或无须多言即心有灵犀一点通，或推心置腹述衷肠，此亦一乐也；三曰"众品得慧"，孔子曰："三人行必有我师。"众人相聚品茶，互相沟通，相互启迪，可以学到许多书本上学不到的知识，这同样是一大乐事。在品了头道茶后，请嘉宾自己泡茶，以便通过实践，从茶事活动中去感受修身养性、品味人生的无穷乐趣。

知识链接

姜

姜，姜科姜属，多年生草本植物，有刺激性香味的根茎。株高0.5～1米；根茎肥厚，多分枝，有芳香及辛辣味。叶片披针形或线状披针形，无毛，无柄；叶舌膜质。总花梗长达25厘米；穗状花序球果状；苞片卵形，淡绿色或边缘淡黄色，顶端有小尖头。花萼管长约1厘米，花冠裂片披针形，唇瓣中央裂片长圆状倒卵形。

图 3-2-13　姜花

图 3-2-14　茶艺

知识链接

碧螺春茶艺

第一道：点香焚香除妄念；

第二道：洗杯冰心去尘凡；

第三道：凉汤玉壶养太和；

第四道：投茶清宫迎佳人；

第五道：润茶甘露润莲心；

第六道：冲水凤凰三点头；

第七道：泡茶碧玉沉清江；

第八道：奉茶观音捧玉瓶；

第九道：赏茶春波展旗枪；

第十道：闻茶慧心悟茶香；

第十一道：品茶淡中品致味；

第十二道：谢茶自斟乐无穷。

创客空间

小小茶艺师

活动准备

学生分组，准备茶艺的工具等。

活动流程

1. 先欣赏老师的茶艺展示和示范。

2. 每位同学按照茶艺步骤进行。

3. 老师现场指导。

4. 各组学生代表交流茶道。

5. 品茶悟道。

拓展应用

了解茶道中的工具和物品。

科学思维

烹茶时，干茶与水的比例会影响茶香和口感吗？试一试，哪种比例好？

茶艺是一种文化。茶艺在中国优秀文化的基础上广泛吸收和借鉴了其他艺术形式，并扩展到文学、艺术等领域，形成了具有浓厚民族特色的中国茶文化。茶艺是包括茶叶品评技法和艺术操作手段的鉴赏以及品茗美好环境的领略等整个品茶过程的美好意境，其过程体现形式和精神的相互统一，是饮茶活动过程中形成的文化现象。茶艺包括：选茗、择水、烹茶技术、茶具艺术、环境的选择创造等一系列内容。茶艺背景是衬托主题思想的重要手段，它渲染茶性清纯、幽雅、质朴的气质，增强艺术感染力。

一、概念理解

1. 最名贵的碧螺春茶采自（　　）。
   A. 春分前　　　　　B. 谷雨后　　　　　C. 清明前　　　　　D. 立春前
2. 苏州碧螺春茶冲泡的适宜水温是（　　）。
   A. 100℃　　　　　B. 80℃　　　　　　C. 90℃　　　　　　D. 60℃
3. 500 克碧螺春干茶约需采（　　）颗芽头。
   A. 1 万　　　　　　B. 5 万　　　　　　C. 7 万　　　　　　D. 10 万
4. 二十四节气之春分的大概时间在（　　）。
   A. 2 月 10 日　　　B. 3 月 20 日　　　C. 2 月 20 日　　　D. 4 月 10 日

二、科学思维

请你谈谈对茶艺和茶道的理解。

三、艺术鉴赏

请根据本节所学、所感、所悟，尝试以"碧螺春茶"为题，创作诗词一首，并在全班进行交流。

四、工程技术

在老师的指导下采茶、制茶。评价所研制的茶叶的品质。（建议从色、形、香味及泡制茶水后的口感等角度进行评价。）

第 3 节 烟雨姑苏 雾里看茶
——碧螺春茶的品鉴和树种培育

学习目标

了解　碧螺春茶分级的国家标准
概述　苏州茶树培育历程
尝试　品鉴不同碧螺春茶

关键词

- 碧螺春茶分级的国家标准
- 苏州茶树树种的培育

碧螺春茶是茶中婉约一派,慢慢悠悠地散发着魅力与清香。苏州太湖洞庭山独特的气候以及茶树与果树等相间的种植方式,使得茶吸果香,花熏茶味。如何品鉴这"茶中仙子"?这一清香淡雅的茶,在市场上又经历着怎样严峻的生存考验?我们该为此茶树做些什么呢?

一 碧螺春的品鉴

据国家标准,洞庭碧螺春茶按产品质量分为特一级、特二级、一级、二级、三级五个等级,其中特一级最为名贵。芽叶随1~7级逐渐增大,茸毛逐渐减少。炒制锅温、投叶量、用力程度,随级别降低而增加,即级别低,锅温高,投叶量多,做形时用力较重。碧螺春茶每年春分前后采摘,谷雨前后结束,以春分至清明采制的明前碧螺春茶品质最为上乘。一般过了4月20日的茶叶,当地人就不叫"碧螺春"了,而叫"炒青"。

图 3-3-1　碧螺春茶批毫

知识链接

特一级"碧螺春":条索纤细,卷曲成螺,满身披毫,银绿隐翠,色泽鲜润,香气清幽,滋味甘醇,汤色嫩绿,叶底多芽,在鲜叶挑拣上从碧螺春茶一芽一叶炒制,改为单芽。

特级"炒青":炒青价格低,产期谷雨前,此茶口味较早春的茶叶稍浓,滋味醇厚,茶叶外形比较大,也能成螺形,少许绒毛,耐泡。

优质碧螺春
汤色绿黄明亮、香气高、味意浓，
条形卷曲，色绿显毫

劣质碧螺春
色泽鲜绿，芽头粗壮，茶形肥大，
冲泡后不绽放，清淡无味

图 3-3-2　不同碧螺春茶对比图

太湖碧螺春和西湖龙井都是中国名茶，同属于绿茶。龙井茶，是汉族传统名茶，位列中国十大名茶之首。龙井茶产于浙江杭州西湖一带，由汉族茶农创制于宋代，已有一千二百余年历史。龙井茶色泽翠绿，香气浓郁，甘醇爽口，形如雀舌，有"色绿、香郁、味甘、形美"四绝的特点，西湖龙井茶叶为扁形，叶细嫩，条形整齐，宽度一致，为绿黄色，手感光滑，一芽一叶或二叶。

技能训练

小小鉴茶师

活动材料

各等级碧螺春茶、炒青茶、龙井茶等，品茶茶具。

活动流程

1. 现在有茶叶若干，请从中分出"碧螺春"和"炒青"。
2. 现在有碧螺春茶和龙井茶，请将它们分辨出来。
3. 将各种茶叶分别放入茶具中，浸泡。
4. 参加活动的学生进行品鉴。

思考

泡茶时的水温控制在多少摄氏度较为适宜？

评价

1. 从茶汤的颜色、香味、口感角度评价不同的茶叶。
2. 从品茶时的礼仪、品茶能力、茶文化知识储备等角度评价学生。

拓展应用

查找资料，尝试用更多方式鉴茶。

知识链接

龙井茶的历史

隋唐之前杭州茶文化处于兴起阶段。三国两晋时期，钱塘江两岸经济文化逐渐发展。灵隐寺建成后，佛教和道教等宗教活动逐渐盛行，西湖名山胜水也渐次开拓，茶随着寺庙道观的建立而被栽种传播。隋朝开通京杭大运河后，杭州因水陆交通的地理便利，一时成为东南物产聚散的"巨富名邑"，唐代杭城的繁华初显。此时，茶叶在杭州境内广为栽培。

北宋时期，龙井茶区已初步形成规模，当时灵隐下天竺香林洞产的"香林茶"、上天竺白云峰产的"白云茶"和葛岭宝云山产的"宝云茶"已被列为贡品。明嘉靖年间，有"杭郡诸茶，总不及龙井之产，而雨前细芽，取其一旗一枪，尤为珍品"的记载。

元代龙井茶初具美名，爱茶之人虞集写有《游龙井》饮茶诗，诗中"徘徊龙井上，云气起晴画……烹煎黄金芽……三咽不忍漱"的佳句广为传唱。

清时，乾隆皇帝六下江南，四上龙井，题写六首龙井茶御诗，亲封"十八棵御茶树"，将龙井茶上升到至尊地位。

民国后，龙井茶逐渐成为中国名茶之首。

知识链接

碧螺春茶和龙井茶的区别

形状不同：龙井茶的茶叶外表看起来更加扁平光滑，而且茶叶的表面没有绒毛。

颜色不同：龙井茶色翠略黄似糙米色，碧螺春茶则是绿色。

香味不同：碧螺春茶的气味以花果香和板栗香这两种香气最为常见，而龙井茶最常见的香气是兰花豆香。

汤色和叶底不同：龙井茶的汤色显得更加碧绿黄莹，透着一股朦胧的感觉，叶底细嫩成朵。而碧螺春茶汤色碧绿清澈，特别干净，叶底特别明亮、娇嫩。

图 3-3-3　西湖龙井茶

知识链接

萃取，又称溶剂萃取或溶液萃取，亦称抽提，是利用系统中组分在溶剂中有不同的溶解度来分离混合物的操作。萃取是实验室中用以提纯和纯化化合物的手段之一。

探究·实践

提取与测定茶多酚

活动材料

仪器设备：天平，铁架台，抽滤装置，超级恒温水浴槽，长颈漏斗，滤纸若干张，分液漏斗，100 毫升的烧杯（三个），玻璃棒。

药品：乙醇水溶液（50%），干茶叶原料，氯仿（分析纯）；Na_2SO_4 溶液馏水。

实验步骤

1. 温度设定：打开超级恒温水浴电源开关，使温度达到 90℃。

2. 称量：称取 30 克干茶叶，放在 100 毫升小烧杯中。

3. 溶解：用量筒量取 40 毫升 50% 乙醇水溶液，倒入小烧杯中，用玻璃棒轻轻搅拌，使干茶叶完全浸润在乙醇溶液中。

4. 加热：将干茶叶和乙醇水溶液的混合液置于超级恒温水浴槽中，加热 20 分钟。

5. 过滤：将加热完毕的混合液取出，冷却到室温；用长颈漏斗对混合液进行过滤，滤除茶叶残渣。再对残渣进行乙醇萃取。

6. 分离萃取：

（1）对分液漏斗进行试漏，调整好铁架台高度。

（2）用量筒量取 20 毫升氯仿。① 置于 100 毫升小烧杯中，将茶叶滤液倒入分液漏斗中，再将氯仿倒入其中，再倒入少量 Na_2SO_4 溶液；② 轻轻摇匀，使之混合充分，静置，分层，上层应为茶多酚水溶液，呈茶色，下层为氯仿乙醇混合液，为无色。

（3）将下层溶液小心放至小烧杯中，上层溶液从分液漏斗上口倒至 100 毫升小烧杯中。

探究·实践

7. 抽滤浓缩：
（1）安装好减压抽滤装置。
（2）将布氏漏斗里的滤纸用少量茶多酚水溶液润湿，开启抽气阀，一边缓慢倒入液体，一边抽滤。
（3）抽滤完毕，关闭抽气阀，干燥得到咖啡碱。

8. 萃取：
（1）水层用乙酸乙酯萃取，得到有机层。
（2）重复上步抽滤浓缩步骤，得到茶多酚。

9. 称量：
（1）将布氏漏斗内的滤饼用玻璃棒小心刮出，置于洁净滤纸上。
（2）另取一张滤纸将粉末里的水分压干。
（3）用分析天平称量出茶多酚。

注意事项

1. 萃取时要严格控制下层液的流速，流速太快有可能使上层液损失，使测得的百分含量偏低。
2. 最后浓缩抽滤时，抽气阀不要开得太大，否则会使滤纸破损，导致失败。
3. 浓缩完毕后，要及时称量，否则由于茶多酚具有吸湿性，会使测得的结果偏高。
4. 使用的有机溶剂氯仿有毒，注意产品和操作的安全。

知识链接

茶叶中的茶多酚

茶叶中对身体健康最有益的物质是具有很强抗氧化能力的茶多酚。绿茶中茶多酚含量最高，约占茶叶干重的15%～25%。

茶多酚主要成分为儿茶素类化合物，儿茶素类化合物主要包括表儿茶素（EC）、表没食子儿茶素（EGC）、表儿茶素没食子酸酯（ECG）和表没食子儿茶素没食子酸酯（EGCG）4种形式。

科学思维

茶叶中茶多酚的百分含量计算公式为

$$W=(Mc/M)*100\%$$

式中：Mc 是最后提取出的茶多酚的质量，单位为克；
M 为最初称取的茶叶原料的质量，单位为克。

二 洞庭碧螺春茶的树种培育

"碧螺春"是一种制茶工艺的称呼，而"洞庭碧螺春"才是苏州特有的茶种。每到清明前后，卖茶人在广告中反复强调自己的茶叶是刚开采的"本地群体小叶种"。"本地茶"，成为碧螺春茶季的热门词。

"本地茶"近年的发展历程如下：13年前，当地产茶叶因上市晚被外地茶冲击时，农技人员挑选了18棵母本老树进行选育培优，2011年，它通过了江苏省农作物品种审定委员会的鉴定，拥有了自己的名字"槎湾三号"。

2011年，江苏省农作物品种审定委员会对"槎湾三号"进行评审时，报告显示，春茶一芽一叶干样茶多酚含量21.7%，氨基酸含量4.0%，咖啡碱含量3.4%，水浸出物含量40.6%，酚氨比5.43。制绿茶品质优，尤其适制"碧螺春"。业内人士介绍，这些高数据是

"槎湾三号"优质的量化体现。

图 3-3-4　苏州本地小叶种碧螺春茶

目前，有专家正在积极地为评价苏州洞庭碧螺春茶的质量努力，建立苏州洞庭碧螺春茶高效液相色谱指纹图谱分析方法，以咖啡因为参照物，采用高效液相色谱法，色谱柱为 Shimpac；k-Lis，流动相为乙腈：0.2% 冰醋酸水溶液线性梯度洗脱，检测波长为 280 nm，分析时间为 60 min，流速为 1.0 mL/min。结果表明，苏州洞庭碧螺春茶的指纹图谱中共标出 11 个共有色谱峰，不同等级茶叶共有峰相对峰面积明显不同，利用指纹图谱可区别不同等级的苏州洞庭碧螺春茶。该方法稳定、可靠、简便，为评价苏州洞庭碧螺春茶叶质量提供了方法。因此，利用指纹图谱可以鉴别碧螺春特一级茶和次级茶，为碧螺春茶叶的等级鉴定和质量评价提供了科学依据。

知识链接

指纹图谱技术

指纹图谱技术是采用一定的提取分离程序去除那些存在于植物中的非特征性成分，获取每种植物中具有特征性的化学成分的总提取物，再采用现代分析手段测定这种特征总提物的图谱，以此来建立对植物特征化学成分的总体描述，具有整体性和模糊性两大特征。

科学思维

碧螺春干茶中茶多酚等物质是越多越好吗？你觉得茶多酚含量在多少范围内品质最好？

表 3-3-1　各等级碧螺春茶指纹图谱相对峰面积

级别	共有峰相对峰面积										
	峰1	峰2	峰3	峰4	峰5	峰6	峰7	峰8	峰9	峰10	峰11
特一	0.404	0.074	0.294	1.000	0.048	0.980	0.020	0.052	0.031	0.596	0.048
特二	0.335	0.070	0.232	1.000	0.065	0.788	0.027	0.026	0.004	0.696	0.020
一级	0.232	0.065	0.157	1.000	0.022	0.641	0.074	0.016	0.024	0.698	0.018
二级	0.118	0.025	0.147	1.000	0.041	0.512	0.021	0.080	0.010	0.502	0.029
三级	0.114	0.024	0.118	1.000	0.021	0.467	0.051	0.013	0.165	0.033	0.033

表 3-3-2　不同等级的碧螺春茶的相似度

等级	相似度
特一级	1.000
特二级	0.866
一级	0.673
二级	0.465
三级	0.359

三 洞庭碧螺春茶树种的组织培养

由于组织培养法繁殖植物的明显特点是快速,每年能以数以百万倍的速度繁殖,因此对一些繁殖系数低、不能用种子繁殖的名特优植物品种意义尤为重大。

同时,洞庭碧螺春茶树由于长期种植,根株中已带有很多病毒,严重影响产量和品质,给茶农带来灾害。若利用组织培养法进行培养,再生的植株有可能不带病毒,从而获得脱病毒的苗,再用这种苗进行繁殖,则种植的植物就不会或极少发生病毒感染。

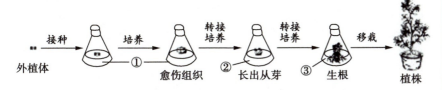

图 3-3-5 植物组织培养流程

图 3-3-6 植物组织培养中的愈伤组织

知识链接

组织培养

植物组织培养(广义),又叫离体培养,指从植物体分离出符合需要的组织、器官或细胞、原生质体等,通过无菌操作,在人工控制条件下进行培养,以获得再生的完整植株或生产具有经济价值的其他产品的技术。植物组织培养概念(狭义)指用植物各部分组织,如形成层、薄壁组织、叶肉组织、胚乳等进行培养,获得再生植株,也指在培养过程中从各器官上产生愈伤组织的培养,愈伤组织经过再分化形成再生植物。

知识链接

茶树常见病害

叶部病害:茶饼病、茶云纹叶枯病、茶炭疽病、茶轮斑病、茶白星病。

茎部病害:茶树茎部病害种类很多,但通常于老茶园中发生,主要的种类有茶膏药病、茶粗皮病和茶树地衣苔藓类。

根部病害:茶红腐病、黑根腐病、褐根腐病和紫纹羽病、茶苗白绢病等。

创客空间

小小组培师

活动材料

组培箱、无菌操作台、茶树的嫩芽若干、培养基、培养瓶等。

实验步骤

1. 配制培养基。
2. 培养基灭菌。
3. 诱导产生愈伤组织。

(1)取健壮的茶树茎数段,每段约 5 cm 长,于烧杯中用 0.1% 氯化汞(升汞)浸泡 20 min,取出用无菌水洗 3~4 次,置于无菌培养皿中,在接种箱中按无菌操作要求剥去外皮(接种箱事先用紫外灯灭菌 30 min),用解剖刀切成 5 mm 厚的圆片(弃去开始

知识链接

植物组培的培养基

化学合成培养基大致由6种成分组成：（1）糖类，（2）多种无机盐类，（3）微量元素，（4）氨基酸、酰胺、嘌呤，（5）维生素，（6）生长素。此外，有些培养基还可添加天然的汁液，如椰子汁、酵母提取液、水解酪蛋白、麦芽浸出液等，培养基中如加入0.5%～1%的琼脂即为静止培养的固体培养基，否则为悬浮培养的液体培养基。不同植物材料常需要改变配方，如维持生长和诱导细胞分裂和分化的培养基配方就不同，因此配方的种类很多，目前以Ms（Murashige and Skoog）培养基配方为最常用的一种基本培养基，它利于一般植物组织和细胞的快速生长。

知识链接

植物组培常用激素

一、细胞分裂素类

1. 玉米素（zeatin，Z，ZT），玉米素是从高等植物中分离得到的第一种天然细胞分裂素。

2. 萘乙酸（NAA）。

3. 6-苄基腺嘌呤（6-BA）。

4. 激动素（KT，kinetin），严格而言，由于激动素不是植物自身含有，不算真正的植物激素。

二、生长素类

1. 吲哚丁酸（IBA），或吲哚乙酸（IAA）。人工合成的生长素类似物。

2. 2,4-D，人工合成的生长素类似物。

创客空间

一片和最后一片），用长镊子将它接种在诱导培养基上，注意圆片的切口朝向培养基，每瓶接种4片，接种后扎好瓶口。

（2）将已接入植物组织（外植体）的三角烧瓶，培养在25℃温室中，每星期检查1～2次，剔除材料已被杂菌污染的三角烧瓶，3～4周后产生愈伤组织。

（3）选取愈伤组织生长良好的三角烧瓶，用解剖刀将愈伤组织切下，转移到含有不同激素的试验培养基中（也可以连同原来的外植体一起转移），每瓶放1～2块，仍培养在25℃温室中，每周1～2次观察不同处理的三角烧瓶中愈伤组织的分化情况，直至长出根和芽。长成的幼小植株即为"试管苗"，可移栽于花盆中。

组织培养的技术过程大致分为六步：植物培养材料的采集、培养材料的消毒预处理、制备外植体、接种和培养、根的诱导、炼苗移植。以上六个步骤均在无菌条件下进行。植物组织培养作为一种有效的技术手段已被广泛应用于生产实践的各个领域。目前，植物组织培养技术研究已经取得巨大的进展，在观赏植物，如菊花、牡丹、百合等方面有诸多应用。同时，许多观赏植物已经实现产业化生产，建立了一套相对完善的快繁体系，取得了明显的经济和社会效益。

第3章 烟雨姑苏茶飘香
——苏州茶文化和采茶制茶

一、概念理解

1. 说说"碧螺春"的各个等级及其与"炒青"的区别。

2. 说说太湖碧螺春茶和西湖龙井茶的区别。

3. 说说茶多酚的作用。

二、科学思维

请你分析目前苏州碧螺春茶的市场状态。

三、技能训练

茶叶中的茶多酚对口腔的清洁和牙齿的保护有一定的作用,因此市面上有添加了茶多酚的牙膏。请你设计一个实验来探究茶多酚对牙齿的清洁和保护作用。

四、探究实践

有些人出门经常随手带一个保温杯,他们习惯于用保温杯泡茶,以便在旅途中可以随时喝到热茶。

1. 有人认为,将茶叶长时间泡在开水中,会破坏其中的营养成份。这种说法正确吗?请设计实验方案,并加以验证。

2. 还有人认为,长时间浸泡茶叶,会导致其中的成份改变。饮用了这些改变后的物质成份,会导致癌症的发生。这种说法正确吗?请设计实验方案,并加以验证。

第 4 节　我在姑苏　等你喝茶
——碧螺春茶的文化与旅游资源

学习目标

了解　苏州碧螺春茶文化旅游资源
概括　苏州碧螺春茶文化旅游特色
尝试　设计海报，宣传碧螺春茶

关键词

- 碧螺春茶文化旅游资源
- 创意苏州茶文化

近年来，茶文化旅游依托茶园良好的生态环境、悠久的栽茶历史以及丰富多样的茶文化资源，在我国许多茶产区蓬勃发展。对茶文化旅游资源进行科学、合理的评估，可以明确反映该类资源的经济价值和构成，为其开发、保护与管理提供科学依据。

一　挖掘碧螺春茶的文化旅游资源价值

中国是茶树原产地，茶文化是人类在从事各种与茶相关的活动时所创造的一切物质和精神的财富，经过几千年的演变与发展，形成了包括茶产地、茶遗址、茶建筑、茶艺、茶道、茶风俗、茶文学艺术等众多的茶文化资源，能够被旅游业所利用的即称为茶文化旅游资源。

图 3-4-1　江南茶文化博物馆

图 3-4-2　洞庭碧螺春茶文化旅游节

知识链接

苏州茶风俗

清晨，上了年纪的老人早早起身，赶到茶楼喝一个时辰茶，待日出才回家吃粥，叫吃早茶，早茶需浓，可润喉清目。

中饭后，许多人到茶馆泡一壶新茶，边喝边聊，称为午茶。午茶要热，能利尿爽身。

晚上，苏州人很少喝茶，但也有到了傍晚，亲朋好友聚在一起，捧着紫砂壶，饮上一个黄昏，称夜茶，夜茶宜淡，否则不宜入睡。

创客空间

我为碧螺春茶做代言

活动材料

各种宣传海报材料、创作工具等。

活动过程

同学们,请和你的组员合作,就你了解的碧螺春茶的知识,创作一幅有关碧螺春茶的海报。或自主作词作曲,制作一首宣传苏州碧螺春茶的原创歌曲。

与全组同学一起到火车站或景点,做宣传碧螺春茶的演讲、表演和MV的展示。

二 我为洞庭碧螺春茶做代言

近年来,随着文化产业的升温,苏州的茶文化产业复苏势头迅猛,与茶相关的创意产业悄然兴起,具体表现为茶文化旅游、茶艺馆、茶博物馆、茶博会等都有了新的发展。

苏州的茶馆先后经历了多次的洗牌重组。最初的茶馆多以亲民价格、单一茶品的"清茶馆"和听评弹说书的"书茶馆"等传统茶馆为主,之后兴起了以自助茶点为特色的杭派茶馆,再到现如今多元化发展的茶艺馆,创新的经营模式和内容成为这一时期茶馆的特色。苏州现有的茶馆,在设计与功能上都越发重视文化特色,不同文化主题的茶艺,如禅茶茶艺、文士茶艺、商务茶艺等都纷纷出现在各大茶馆和茶文化展会活动中,处处彰显现代的苏式慢生活节奏。

苏州碧螺春文化有着悠久的历史,其积累和沉淀意蕴之深远可以比肩杭州龙井茶文化,碧螺春茶早已融入了苏州人日常生活的点点滴滴。然而,苏州的茶文化资源不止于此,尚有许多资源未被挖掘与利用起来,例如方兴未艾的苏州地产碧螺红茶以及其衍生茶产品还属于"养在深闺人未识"的状态,苏州茶文化资源的利用还有很大的可为空间。

知识链接

根据旅游经济学的理论,茶文化旅游资源的总价值可以被划分为使用价值和非使用价值。

使用价值又包括直接使用价值和间接使用价值。洞庭碧螺春茶文化旅游资源的直接使用价值指游客可以在茶文化旅游目的地直接欣赏和参观,获得一定的美感体验,茶园既可以为旅游者提供游憩的使用价值,还可以直接提供采摘、观赏、品尝等活动;间接使用价值是指环境所提供的用以支持目前生产和消费活动的各种功能中间接获得的生态效益,如水土保持、气候控制等。

而非使用价值指目前人们还没有利用,但可以供自己未来和子孙后代利用的茶文化旅游资源功能和效用,可分为选择价值、存在价值和传承价值三种主要形式。

科学思维

茶壶出水小 PK

同学们，你设计的茶壶出水流畅吗？

你知道茶壶出水的原理是什么吗？可以查找资料进行了解。

经过自己的探索学习，请对自己的茶壶提出设计方面的修改建议。

茶壶出水小原理：

1. 连通器原理。几个底部互相连通的容器，注入同一种液体，在液体不流动时连通器内各容器的液面总是保持在同一水平面上。所以，茶壶的壶嘴与壶身一样高，这样茶壶装满水就不会从茶嘴里溢出了。

2. 气压原理。壶嘴上留有一个小孔是让内外大气压相同，好让水流出来，如果茶壶密封，又把小孔堵住，水就流不出来了。

3. 杠杆原理。倒茶时利用杠杆原理。

图 3-4-3　有关茶的小报

创客空间

3D 打印再创新

活动材料

3D 打印机及相关材料等。

活动过程

3D 打印技术已经走进我们的校园和课堂。请你和小组成员一起来设计茶壶、茶杯和茶叶罐等，并在老师的指导下，利用 3D 打印技术，打印出你们的产品。

知识链接

3D 打印技术

3D 打印（即快速成型技术的一种）是一种以数字模型文件为基础，运用粉末状金属或塑料等可黏合材料，通过逐层打印的方式来构造物体的技术。

图 3-4-4　3D 打印机

"一湖碧螺春色好，满山洞庭茶叶香。"

苏州人像碧螺春一样很清淡，淡而有味乃是苏州人向往的境界。茶叶是最淡的，手艺是最精巧的，两者结合在一起，有着一个共同点，就是带有精神意味的干净和透明，一切都在淡中。可又有几人真正体味出"淡"究竟是一种什么样的至味？

茶，仿佛有一种魔力，让你一旦爱上便不会遗忘，而每天与之对话的过程，便是一天天成长的过程。

在烟雨姑苏，等你品茶！

一、概念理解

1. 说说你对碧螺春茶文化的理解。

2. 说说你对苏州旅游现状的认识。

3. 碧螺春茶起源地是 _____。

4. 墨佐君坛旁有"茶圣"——_____ 的像。

二、科学思维

请你分析目前苏州碧螺春茶文化旅游的市场前景。

三、思维拓展

我为碧螺春茶做代言（网络版）：

请你和组员将做好的海报、宣传语和宣传视频等发至网络平台；也可以在网络平台上进行问卷调查，收集大众的评论反馈，形成报告。

四、工程技术

请用陶泥等为材料，试着制作一把茶壶，并在壶身上雕上你喜欢的图案。在老师指导下，将茶壶烧制成成品，并尝试用来泡茶。请从实用性、艺术效果等角度对你的作品进行评价。

一、概念理解

1. 说说十大名茶包括哪些?

2. 世界上第一部茶叶专著是什么？作者是谁?

3. 说说碧螺春茶的显著特点。

4. 请简单描述炒制碧螺春茶的过程。

5. 请说说碧螺春茶和炒青茶的不同。

二、科学思维

请你分析目前苏州碧螺春茶文化和茶经济的现状和前景。

三、创客空间

请完成从采摘到成品干茶的制作，并用自己设计的茶叶罐和茶叶盒进行包装，并进行市场宣传和销售。

第 4 章 蝶之舞
——江苏地区蝴蝶的监测及保护

蝶，通称为"蝴蝶"，节肢动物门、昆虫纲、鳞翅目、锤角亚目动物的统称，全世界大约有 14 000 多种，大部分分布在美洲，尤其是亚马孙河流域种类最多，中国大约有 1 200 种。

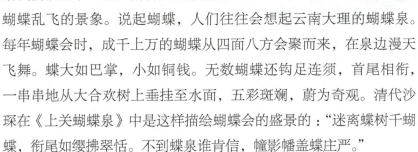

"穿花蛱蝶深深见，点水蜻蜓款款飞"给我们描绘了一幅江南春天里杂花生树、蝴蝶乱飞的景象。说起蝴蝶，人们往往会想起云南大理的蝴蝶泉。每年蝴蝶会时，成千上万的蝴蝶从四面八方会聚而来，在泉边漫天飞舞。蝶大如巴掌，小如铜钱。无数蝴蝶还钩足连须，首尾相衔，一串串地从大合欢树上垂挂至水面，五彩斑斓，蔚为奇观。清代沙琛在《上关蝴蝶泉》中是这样描绘蝴蝶会的盛景的："迷离蝶树千蝴蝶，衔尾如缨拂翠恬。不到蝶泉谁肯信，幢影幡盖蝶庄严。"

那么，在风景如画的苏州，我们是否也能见到蝴蝶蹁跹的美景呢？在哪里才能寻觅到蝴蝶的芳踪呢？在野外，我们该如何去观察、鉴别蝴蝶呢？我们又该以怎样的态度，去看待蝴蝶与人的关系呢？

内容提要

* 蝴蝶的分布与分类地位
* 蝴蝶的养育方法
* 区分蝴蝶与蛾
* 蝴蝶监测的方法
* 蝴蝶监测的意义

学习本章意义

蝴蝶被公认为是对全球气候变化最敏感的指示物种之一。学习本章内容，你将在认识缤纷多彩的蝴蝶的基础上更加懂得环境保护的重要性。

第 1 节 蝴蝶的基本知识

学习目标

- 了解 蝴蝶的分类地位
- 区别 蝴蝶与蛾
- 尝试 养育蝴蝶
- 学会 苏州常见蝴蝶的分类方法

关键词

- 完全变态发育
- 蝴蝶分类

"何处背繁红,迷芳到槛重。分飞还独出,成队偶相逢。"蝴蝶,被誉为"会飞的花朵"。它们优雅、动人的舞姿,醉梦沉香,仿佛烂漫的春花,让人赏心悦目。

一 蝴蝶的分类地位和结构特征

蝴蝶,一个冰河时期就已出现的古老物种,它带给我们的不仅是美好的视觉享受,更让我们感受到生命的力量和执着,体会到它们与自然和谐共处中的那份机智和顽强。

世界上最大的蝴蝶展翅可达 28~30 厘米,最小的只有 0.7 厘米左右。

亚历山大鸟翼凤蝶(世界最大蝴蝶)　　小蓝灰蝶(世界最小蝴蝶)

图 4-1-1 蝴蝶之最

蝴蝶的身体由头、胸、腹三部分组成。蝴蝶的头部没有单眼,两侧有 1 对发达的复眼。复眼内侧为 1 对多节的触角,其顶端膨大呈棒状或锤状。头前下方有 1 个粗而长的口器,用以吸食和吸水,不用时卷曲在两个下唇须之间,这种口器被称为虹吸式口器。蝴蝶的胸部有 3 对足,称为前足(有些种已退化)、中足和后足。中胸和后胸的翅基片上各生着 1 对翅,称为前翅和后翅。

知识链接

翅膀最狭长的蝴蝶——长翅德凤蝶,该蝴蝶翅展达 23 厘米,翅膀长度为宽度的 3 倍。

翅展最小的蝴蝶——燕凤蝶和绿带燕凤蝶,翅展仅 3 厘米,是世界上翅展最小的凤蝶。

迁飞距离最远的蝴蝶——君主斑蝶,迁徙距离达 5 000 千米。

图 4-1-2 蝴蝶成虫形态特征

蝴蝶的颜色由鳞片形成。鳞片上的不同色素以及鳞片的结构巧妙地控制光线的折射，使得蝴蝶的颜色千变万化，五彩缤纷。

在弱肉强食的生物世界里，经过千万年的自然选择，蝴蝶具有了一定的自我保护能力，那就是保护色、警戒色、拟态与逃避等。

技能训练

活动名称
观察蝴蝶的身体结构。

观察用具
观察盒、捕蝶网、照相机、放大镜等。

表 4-1-1 观察记录表

蝴蝶种类	结构特点		
	口器颜色	触角形态	足的数量
菜粉蝶			
斐豹蛱蝶			
青凤蝶			
……			

注意事项
观察中尽量不要伤害蝴蝶，观察结束后一定要放飞蝴蝶。

二 蝴蝶的发育与饲养

对蝴蝶的研究不能仅仅依靠简单判断，而是要对其整个生活史进行研究。在人工饲养蝴蝶的过程中，要通过观察法，以便了解其各个时期的特点及变化，这有助于对蝴蝶资源的可持续利用和对极少数有害蝶类的生态控制。

蝴蝶的发育过程

蝴蝶属于完全变态发育的昆虫，它的一生要经历卵、幼虫、蛹和成虫 4 个发育阶段。

卵　　　　幼虫　　　　蛹　　　　成虫

图 4-1-3 玉带凤蝶的发育过程

蝴蝶的饲养方法

1. 将野外采回的带有卵的枝条（途中需保湿）插到盛水的容器中。一般卵期约 1 周。幼虫可在室内或室外饲养，室外饲养更接近自然。

实践活动

尝试饲养一种蝴蝶

1. 饲养时间：
每年 3~10 月。

2. 活动材料：
饲养盒（带盖子的透明盒最佳）、该种蝴蝶的寄主植物、纱网、测量工具、相机等。

3. 观察记录：
通过表格或照片记录发育过程。
例如：

表 4-1-2 蝴蝶发育观察记录表

蝴蝶种类	蝴蝶生长发育时期			
	卵	幼虫	蛹	成虫
菜粉蝶				
玉带凤蝶				
……				
备注	1.测量幼虫不同时期的身体长度。 2.观察幼虫蜕皮次数。 3.比较幼虫不同时期的食量等。			

4. 注意事项：
饲养用的盒子一定要有盖子，且盒内各棱之间不要有细缝，盒顶可以钻一些细孔（孔径 1 毫米左右）。蛹期不要随意晃动饲养盒。

知识链接

蝴蝶的嗅觉在它的触角上，雄性比雌性嗅觉灵敏。蝴蝶是昆虫中唯一能辨别红色的生物。蝴蝶的味觉器官生在足上，取食时先用足来感觉食物滋味，然后伸出口器取食。

知识链接

以蝴蝶各虫态为食的生物称为蝴蝶的天敌。蝴蝶卵期的天敌主要是多种蚂蚁和赤眼蜂。蝴蝶幼虫的天敌最多，有鸟类、蜘蛛、螳螂等，还有寄生蜂以及微生物。蛹期的天敌是大腿小蜂等。成虫的天敌有鸟类、蜘蛛类、爬行类、两栖动物和蜻蜓等。

蝴蝶在长期的进化过程中，练就了自己的生存之道。你能通过自己的研究发现它们的生存奥秘吗？

2. 室外饲养。（1）初春，先在室外栽种饲养蝶类的寄主植物，需要清除植物上的蜘蛛等所有蝴蝶的天敌。（2）做一个长2米、直径50～60厘米、底部开口的圆筒形纱笼，纱笼中上部装一条拉链，便于开口观察。（3）将纱笼罩在寄主植物上，纱笼底部开口处用绳扎住，笼底放一些枯叶、瓦片等，以便做某些蝶的化蛹场所。（4）将幼虫或将要孵化卵的枝条移到笼内小枝叶上，一般一笼可放数条幼虫。如研究用，可一笼放一条，同时做数个笼，每天观察记录其生活习性。（注意：由于野外寄生蜂等蝶类天敌较多，因此须用高密度纱网。）

3. 室内饲养。可以将野外采回的卵直接放到有盖子的饲养盒中。可以定期从野外采集寄主植物的幼叶（不要带有虫斑），将其用清水洗净、晾干后放入饲养盒中供幼虫食用。

4. 饲养过程中的注意事项：（1）避免各虫长时间被阳光直射。（2）盒盖尽量不要长时间打开，幼虫很容易爬出饲养盒而难以寻找。（3）为了减少成虫过多飞翔而引起疲劳，开始时，白天可将雌蝶放入一面开口的纸箱中，里面放一些糖水药棉或西瓜等。（4）野外采集或饲养的成虫要特别注意不能损伤其足，否则交尾、产卵会失败。（5）室内饲养的幼虫、蛹要每隔数天喷洒水，以保持湿度。（6）如果是一直在饲养盒中生长的蝴蝶，建议化蛹后将其放飞，让它到野外完成繁衍的使命。

拓展提高1：蝴蝶的生存之道

表4-1-3 蝴蝶生存之道观察记录表

蝴蝶名称	卵			幼虫			蛹		
	形态	颜色	行为	形态	颜色	行为	形态	颜色	行为
蝴蝶1									
蝴蝶2									
蝴蝶3									
……									
小结									

拓展提高2：比较人工饲养与自然生长的利弊

表4-1-4 蝴蝶在人工饲养和自然条件下的生长记录表

发育过程 生存条件	卵		幼虫					蛹		成虫	
	颜色	周期	一龄	二龄	三龄	四龄	五龄	颜色	周期	体长	周期
自然条件	温度	天气	风速								
人工饲养											

思考：根据对"蝴蝶的生存之道"和"人工饲养与自然生长"的实际观察，你从中发现了什么？感受到了什么？或者你还有哪些新的发现？有没有更加科学合理的活动设计？

三 蝴蝶与蛾的区别

蝶类和蛾类同属昆虫纲、鳞翅目，在生活中，人们很容易将它们互相混淆。为了帮助大家更好地区分蝴蝶与蛾，我们将它们之间的特征进行了列表比较。所有特征中最主要的区别是触角的形态，所谓"蝶类触角一对棒，蛾类触角多花样"，比较形象地说明了蝶类与蛾类的区别。

表 4-1-5　蝶类与蛾类的区别

名称	蝶类	蛾类
触角	棒状、锤状（弄蝶例外）	羽状、丝状
翅型	大多宽大	大多狭小
腹部	大多瘦长	大多粗短
前后翅的联络	无连接器（部分弄蝶例外）	有特殊连接器
静息时状态	两对翅竖立于背面（少数平展）	两对翅平展或呈屋脊状
活动时间	白天	多数夜间

> **知识链接**
>
>
>
> 图 4-1-4　金斑喙凤蝶
>
> 金斑喙凤蝶属于国家一级保护动物，数量比大熊猫还要稀少，是中国特有种，被称为中国"国蝶"。

巴黎翠凤蝶

非洲多尾燕蛾

孔雀蛱蝶　　　　　　青球箩纹蛾

图 4-1-5　蝴蝶与蛾的区别

图 4-1-6　琉璃蛱蝶

四 苏州蝴蝶的分类

❀ 粉蝶科

粉蝶多数为中等体型，翅的颜色大多为粉黄色或者粉白色，斑纹简单，仅少数热带种类色彩鲜艳。粉蝶触角呈棍棒状，前足正常，后翅均没有尾突。我国目前已知粉蝶约 150 种。

东方菜粉蝶　　斑缘豆粉蝶　　黄尖襟粉蝶

图 4-1-7　粉蝶科的常见蝴蝶

❀ 灰蝶科

灰蝶属小型蝶种，翅正面有各种色彩，少有复杂斑纹，部分种类翅表面具有灿烂耀目的紫、蓝、绿等金属光泽，且两翅正反面的颜色及斑纹截然不同，反面的颜色丰富多彩，斑纹变化多样。灰蝶成虫的触角具白环，雌蝶前足正常，雄蝶偶有跗节及爪退化。我国已知灰蝶有 500 余种。

> **知识链接**
>
> 蝴蝶在自然界非常活跃，它们在生命活动中必须吸食营养物质。不同种群的蝴蝶，食性也是不同的。有的蝴蝶只吸食特定植物的花蜜；有的蝴蝶既吸食花蜜，也取食腐臭的粪便；有的蝴蝶吸食动物腐烂的尸肉；部分眼蝶、环蝶、蛱蝶取食烂果；多种蛱蝶、眼蝶、环蝶取食树液和粪便；少数灰蝶为肉食性的，如蚜灰蝶取食竹蚜虫。
>
>
>
> 图 4-1-9　蚜灰蝶

酢浆灰蝶　　　　蓝灰蝶　　　　尖翅银灰蝶

红灰蝶　　　　曲纹紫灰蝶　　　　亮灰蝶

图 4-1-8　灰蝶科的常见蝴蝶

❀ 凤蝶科

凤蝶通常为大型或中型的美丽种类，色彩鲜艳而且形态优美，通常飞翔能力较强。凤蝶的前足正常，许多种类的后翅有修长的尾状突起，又被称为燕尾蝶。我国共有凤蝶近 100 种。

| 青凤蝶 | 碎斑青凤蝶 | 柑橘凤蝶 |

| 碧凤蝶 | 玉带凤蝶 | 红珠凤蝶 |

图 4-1-10　凤蝶科的常见蝴蝶

眼蝶科

　　眼蝶多属小型或中型的蝴蝶。常以灰褐、黑褐色为基调，饰有黑、白色彩的斑纹。眼蝶成虫触角端部逐渐加粗，但不明显；前足退化，收缩不用。前后翅反面近亚外缘常具多数眼状的环形斑纹。我国已知眼蝶近 300 种。

| 稻眉眼蝶 | 蒙链荫眼蝶 | 连纹黛眼蝶 |

图 4-1-11　眼蝶科的常见蝴蝶

弄蝶科

　　弄蝶属小型蝶种，外观朴素并不华丽耀眼，和其他科蝴蝶的亲缘关系较远。弄蝶成虫的触角端部常呈尖钩状，雌雄成虫的前足均正常。我国已知弄蝶 200 余种。

| 直纹稻弄蝶 | 曲纹稻弄蝶 | 隐纹谷弄蝶 |

图 4-1-12　弄蝶科的常见蝴蝶

实践活动

制作蝴蝶标本

材料用具

捕蝶网、三角袋、毒瓶、昆虫针、三级台、展翅板、还软器等。

活动步骤

1. 采集。用捕蝶网捕捉蝴蝶，尽量保持其身体的完整性。将捕获的蝴蝶放入三角袋或毒瓶中。

2. 制作。先用还软器等对蝴蝶进行还软，再根据虫体大小，选择适当的昆虫针，将针对准展翅板槽的中间垂直插下，使虫体背面与展翅面板平行，接着用小号昆虫针或镊子拉住前翅较粗的翅脉，直拉至前翅的后缘和身体相垂直。然后，压上压翅条，使其前翅后缘与压翅条上的折痕重合。最后用昆虫针把足、触角和触部稍加整理，尽量保持其自然状态。

3. 保存。先将标本进行干燥处理，然后将其放入标本盒中，并放入相应的干燥剂或防腐剂。

注意事项

标本盒要存放于没有日光直射的干燥地方。每半年或 1 年应换 1 次药。

> **美文欣赏**
>
> ### 锦 瑟
> **唐·李商隐**
> 锦瑟无端五十弦，一弦一柱思华年。
> 庄生晓梦迷蝴蝶，望帝春心托杜鹃。
> 沧海月明珠有泪，蓝田日暖玉生烟。
> 此情可待成追忆，只是当时已惘然。
>
> ### 春 日
> **唐·韦 庄**
> 忽觉东风景渐迟，野梅山杏暗芳菲。
> 落星楼上吹残角，偃月营中挂夕晖。
> 旅梦乱随蝴蝶散，离魂渐逐杜鹃飞。
> 红尘遮断长安陌，芳草王孙暮不归。

❀ 蛱蝶科

蛱蝶种类较多，属小型或中型的蝶种，少数为大型种。其部分种类的中胸特别粗壮发达；前足退化，收缩不用。蛱蝶的翅形丰富多变，属间的差别较大。我国目前已知蛱蝶有300余种。

琉璃蛱蝶　　　　　　　　　黑脉蛱蝶

二尾蛱蝶　　　　　　　　　猫蛱蝶

大红蛱蝶　　　　　　　　斐豹蛱蝶（雌性）

柳紫闪蛱蝶　　　　　　　　黄钩蛱蝶

图 4-1-13　蛱蝶科的常见蝴蝶

一、概念理解

1. 蝴蝶在分类学上所属的纲是（　　）。
   A. 蛛形纲　　　　　B. 多足纲　　　　　C. 甲壳纲　　　　　D. 昆虫纲
2. 蝴蝶发育类型属于（　　）。
   A. 完全变态发育　　B. 不完全变态发育
3. 与蝴蝶发育类型相似的昆虫有（　　）。
   A. 螳螂　　　　　　B. 蜜蜂　　　　　　C. 蟋蟀　　　　　　D. 蝼蛄
4. 蝶类与蛾类最显著的区别是（　　）。
   A. 触角的形态　　　B. 活动时间　　　　C. 静息时的状态　　D. 腹部的形态
5. 以下属于灰蝶科的蝴蝶是（　　）。

　　A　　　　　　　　　B　　　　　　　　　C　　　　　　　　　D

二、科学思维

1. 经过调查，你发现苏州蝴蝶种类的变化趋势如何？你认为有哪些因素导致了这样的变化？我们能否改变这种现状？
2. 蝴蝶在幼虫时期主要以植物叶为食，这在一定程度上会影响农林生产，因此有人认为蝴蝶是害虫，不应该大力保护。你怎样看待这个问题？

三、科学实践

　　蝴蝶是一种大家既熟悉又陌生的昆虫，我们熟悉它的名字却又不知它的影踪。让我们拿起手中的相机，和伙伴们一起走进大自然，去寻找这美丽的使者——蝴蝶吧！

户外蝴蝶调查表

蝴蝶种类	调查时间	调查地点	温度	天气	湿度	数量	活动状态
蝴蝶1							
蝴蝶2							
蝴蝶3							
蝴蝶4							
……							
备注	活动状态这一栏主要填写观察到蝴蝶时它的状态。 例：吸食花蜜、吸水或交尾等。						

思考：1. 通过多次调查，你能否知道哪些地方更容易找到蝴蝶？什么时间段蝴蝶出现的概率高？

　　　2. 通过分析调查数据，你还有哪些发现？

第 2 节 蝴蝶监测的方法

学习目标

了解　固定样线监测方法
区别　不同监测方法
学会　随机监测方法

关键词

- 固定样线监测
- 随机监测
- 生境
- 监测频次
- 人为干扰

"莫欺翼短飞长近，试就花间扑已难。"蝴蝶飞行灵活敏捷，捕捉不易，我们往往需要一些工具才能辅助观察与捕捉。

一　随机监测法

在各种场合下发现蝴蝶，及时拍照（手机、相机均可以），照片要清晰，注意呈现蝴蝶的重要特征，并记录下拍照的时间、地点、温度、湿度、风速、风向等信息（监测信息表的格式示例：表4-2-1）。最后以电子邮件的形式发到苏州蝴蝶监测总站或者江苏省蝴蝶监测的专家处。

二　固定线路监测法

✿ 选择合适的监测路线

1. 样线长度约1~2千米，生境多样（将不同生境分为不同段，各段的生境类型各不相同，段内生境一致），尽量形成回路。
2. 有蝴蝶出现，人为干扰较少或中度干扰。
3. 各节生境应拍照并描述（主要植被、样线长度、人为干扰度等）。
4. 谷歌地球软件（地图搜索），确定样线各项信息参数（经纬度、海拔等）。
5. 可做预调查，以确定样线并完成整年的固定调查。

✿ 组成监测小组

1. 3~5人组成一个小组（目测口述员、记录员、拍照员、网捕员及种类鉴定员）。
2. 小组其他成员不得提醒或干扰口述者观察。
3. 小组角色确定后固定不变，以减少人为误差。
4. 要求观察口述者识别蝶种能力较强。

✿ 监测小组成员的分工

1. 网捕员不仅要有敏捷的身手，还要有高超的捕捉技术。要将蝴蝶毫发无损地捕获。只有保持蝴蝶形态的完好，才能使蝴蝶种类的鉴定更加有效。

第4章 蝶之舞
——江苏地区蝴蝶的监测及保护

图 4-2-1 网捕员

2. 数据记录员做事要专注，能在第一时间将监测到的信息准确地记录在周报表中。

图 4-2-2 记录员

表 4-2-1 蝴蝶监测周报表

地点名称 苏州工业园区白鹭园　　　　　　　　　记录人 周烨程
记录日期 2012 年 9 月 20 日　周次（4月6日为第一周）16　开始时间 12:10　结束时间 13:00
平均温度(℃) 29　　　平均风速 3 级　　风向 东南风

节	01	02	03	04	05	06	07	08	09	10	11	12	13	14	15	16	17	18	19	20	合计
醋酱灰蝶	4	4		7	1																16
青凤蝶	1	15		1	1																18
黄钩蛱蝶		2		1																	3
斑缘豆粉蝶				1																	1
合计	4	21	2	9	1																
节	01	02	03	04	05	06	07	08	09	10	11	12	13	14	15	16	17	18	19	20	
日照																					

知识链接

图 4-2-3 斐豹蛱蝶阴阳蝶

斐豹蛱蝶阴阳蝶实际上是雌雄嵌合体现象。这种蝴蝶的生殖腺一侧是雄的，另一侧是雌的，同时，外部特征也表现为一侧为雄性特征，另一侧是雌性特征。雌雄嵌合体在分类上没有意义，但因发生稀少而极具收藏价值。图 4-2-3 是金鸡湖学校一名监测队员于 2017 年 10 月 5 日在工业园区白塘植物园拍到的。

每次监测时都要如实填写该记录表，每年12月底将所有表格整理汇总后上报到江苏省蝴蝶监测中心。

3. 拍摄员要有一定的摄影功底，即使是用一部普通的相机，也能捕捉到蝴蝶翩翩飞舞的美丽瞬间。

图4-2-4　拍摄员

4. 目测员要求能准确快速地说出监测范围内所见到的每一种蝴蝶。

监测过程要求

1. 监测者以正常步行速度记录左右各2.5米宽，前方5米，头顶上方5米内的所有蝴蝶。
2. 各节分开记录，数量以"正"表示，量大时估测或拍照计数，以"数字"表示。
3. 范围以外的蝶种记录在表格备注栏。
4. 每种蝴蝶拍照或网捕拍照，眼蝶、灰蝶与弄蝶等可少数采集鉴定。
5. 避免重复计数，同一蝶种"记前不记后"。
6. 在将数据录入全省蝴蝶监测数据库前，由专家进行数据审核。

监测频次

1. 野外监测从3月中旬开始至11月上旬结束，共32~35周次。
2. 每周一次，一般在上午9点至12点间完成。
3. 监测天气条件要求为无雨晴天或多云、风力小于6级、温度10℃以上。

知识链接

图4-2-5　中华虎凤蝶

中华虎凤蝶是中国独有的一种野生蝶，由于其独特性和珍贵性，被昆虫专家誉为"国宝"。南京是中华虎凤蝶数量最多的地区。中华虎凤蝶是中国昆虫学会蝴蝶分会的会徽图案。2017年5月常熟一位蝴蝶爱好者在常熟虞山拍到了一只中华虎凤蝶，填补了苏州多年未现虎凤蝶记载的空白。

技能训练

活动名称

调查一个地区的蝴蝶种类。

活动要求

1. 4~5个人组成一个调查小组，根据各自的特长和监测小组的成员要求进行合理分工。

第4章 蝶之舞
——江苏地区蝴蝶的监测及保护

技能训练

2. 选择一个生态环境相对丰富的区域，固定好一条路线（最好是闭合的环线，长度在1千米左右），根据生态环境的不同，设置成不同的小节。

3. 按照一定的监测频次定期进行监测。

4. 监测时除了拍照，也可以通过网捕进行种类鉴定。

注意事项

1. 选择的线路要便于行走，便于观察。

2. 填写监测表时一定要实事求是，遇到不熟悉的蝴蝶种类可以记录下大致特征或留下照片待老师鉴定。

3. 成员分工一旦明确后尽量不要随意更改。

4. 监测表中的各项信息都要填写完整，每年的12月将所有监测表格进行汇总整理。

5. 网捕时尽量不伤害蝴蝶，鉴定后的蝴蝶一定要放飞。

思考

1. 为何在监测时要记录下温度等环境条件？

2. 你获得的监测数据除了以图4-2-9的方式汇总外，还可以通过哪些方式进行汇总分析？

3. 通过一年的监测，从数据中你可以获得哪些信息？

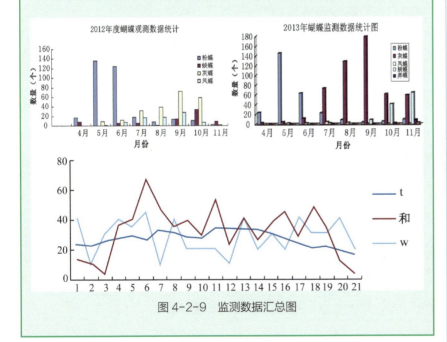

图4-2-9 监测数据汇总图

图4-2-6 黄钩蛱蝶（反面）

图4-2-7 美眼蛱蝶

图4-2-8 小环蛱蝶

实践活动

1. 活动名称

蝴蝶不同部位基因粗提取。

2. 活动材料

蝴蝶标本若干、提取缓冲液、蛋白酶K、无水乙醇、PCR引物、电泳仪、全自动分析仪。

3. 活动过程

（1）总DNA提取：将蝴蝶标本消毒后剪碎，然后加入相应的化学试剂，进行DNA沉淀，再经无水乙醇干燥后备用。

（2）PCR扩增及产物检测。

（3）PCR产物的纯化和测序。

（4）观察实验现象。

（5）分析实验结果。

一、概念理解

1. 野外监测蝴蝶的时间大约为（　　）。
   A. 春节后，立冬前　　　　　　　　　　B. 3月至6月，9月至次年1月
   C. 全年　　　　　　　　　　　　　　　D. 3月中旬至11月上旬

2. 下列有关蝴蝶监测的叙述不正确的是（　　）。
   A. 为保证记录全面，应计数所有见到的蝴蝶　　B. 口述员观察时，其他成员可立即补充
   C. 鉴定后的蝴蝶应立刻放飞　　　　　　　　　D. 蝴蝶为变温动物，应在下午温度最高时监测

3. 蝴蝶监测过程中，不符合监测路线要求的是（　　）。
   A. 生境多样　　　　B. 便于行走　　　　C. 潮湿泥泞　　　　D. 人为干扰较少

4. 监测小组成员的分工包括（　　）【多选题】
   A. 口述员　　　　　B. 网捕员　　　　　C. 记录员　　　　　D. 拍照员

二、科学思维

1. 公园里四季常青，植被种类也较丰富，为何蝴蝶的种类相对单一，数量也有减少趋势？
2. 如果你完整地记录了一年的监测数据，这些数据能否反应环境对蝴蝶生存的影响？为什么？
3. 不同季节出现的蝴蝶种类会有所不同吗？这与哪些因素有关呢？

三、技能训练

活动名称：

拍摄蝴蝶的照片。

拍摄条件：

1. 拍摄时间：3～11月；8：00～16：00。

2. 户外条件：无雨、风小。

3. 拍摄场所：植被相对丰富的区域。

拍摄要求：

1. 拍摄的照片一定要清晰，能够辨认出蝴蝶的主要特征。最好拍摄蝶恋花的照片。如遇蝴蝶一直飞行，可以拍摄视频，视频拍摄时间不少于10秒。

2. 拍摄的照片一定要记录下拍摄的时间、具体地点和拍摄当天的气温等信息。

注意事项：

1. 拍摄中一定要注意安全，特别是在水边或者不平坦的道路上一定要注意脚下安全。

2. 拍摄时遵循由远及近的原则，慢慢靠近蝴蝶，这样可以提高拍摄的成功率。

成果展示：以图片或PPT等形式展示。

第 3 节 蝴蝶与环境的关系

有些蝶种喜欢访花吸蜜，如凤蝶科、粉蝶科、灰蝶科等，它们和鲜花共同组成了一道亮丽的风景线。

一 蝴蝶与植物的关系

蝴蝶与植物有着密不可分的关系。一些蝴蝶的幼虫需要植物的叶片或汁液作为它们的食物，这时蝴蝶与植物是一种寄生关系，这些植物则被称为蝴蝶的寄主植物；一些蝴蝶的成虫需要采食植物的花蜜，可以帮助植物传粉，这时蝴蝶与植物是一种互利共生的关系，这些植物被称为蝴蝶的蜜源植物。

油菜花　　　　　白花车轴草　　　　　凌霄花

图 4-3-1　几种常见的蜜源植物

蝴蝶的幼虫大多以植物为食，并且它们很多时候只钟情于一两种植物。这种挑食的情况也是适应环境的结果，因为蝴蝶活动能力有限，而植物的分布时常有优势种存在，所以造成了很多蝴蝶只进食一种或几种寄主植物。

杜蘅　　　　　三色堇　　　　　柑橘

图 4-3-2　几种常见的寄主植物

二 温度对蝴蝶的影响

蝶类为变温动物，气温高发育就快，完成一个世代的周期就短，反之则长，所以年世代数与气温的关系极为密切。在我国中部和北部地区，冬季时间长，大多数蝶类以蛹越冬，也有少数以老熟幼虫越冬。我国南方气温高，所以都有各虫态，且世代重叠。蝴蝶越冬

学习目标

了解　蝴蝶与植物之间的关系

区别　蜜源植物与寄主植物

理解　环境中各种因素对蝴蝶生存、分布的影响

关键词

- 蜜源植物
- 寄主植物
- 变温动物
- 世代重叠
- 寄生
- 互利共生

方式有两种：一种是简单的越冬，称为休眠，只要天气一转暖，即能恢复活动；另一种叫滞育，进入滞育的虫体一定要满足由它遗传所形成的温度、光照等条件后，才能解除滞育。南方有些蝶类为了避免夏季高温的损害，躲在岩洞等阴凉处夏眠，此习性称为越夏。

蝶类的活动与温度的高低密切相关，清晨和晚上气温较低，它们处于静息状态。当太阳升起后，可以见到蝴蝶展开双翅，面向太阳取暖，待体温升高后开始活动。

三 蝴蝶监测的意义

过去一个多世纪全球气候发生了明显的变化。气候变化产生了一系列后果，如生境退化或丧失、种群动态及种间关系发生改变、物种灭绝速度加快等。准确地评价和科学地预测气候变化对陆地生态系统和生物多样性的影响已经引起了各国政府与社会各界的极大关注。研究生物与气候之间的相互关系、探索生物对气候变化的响应与适应对策，对了解不同生物演化、预测生物多样性在未来气候变化条件下的走向具有重要意义。

蝴蝶被公认为是对全球气候变化最敏感的指示物种之一。气候变化之后，蝴蝶栖息地环境将改变。利用蝴蝶对微环境的极端敏感性，及与植物相互依存、协同演化的密切关系，通过监测蝴蝶种类和数量的变化，可以预警气候变化对生态环境的影响，从生物层面上科学地反映气候变化对生态环境产生的作用。

国外在 20 世纪 50 年代初，就将蝴蝶作为一种反映环境优劣的指示动物，对其种类和个体数量逐年进行观察、记载，特别是西欧及北欧一些国家，至今已持续 50～60 年。

苏州经济发展迅猛，人类活动日益加剧，使得苏州面临的可持续发展问题显得十分突出。利用较为详尽的昆虫本底资料，通过对昆虫种群变化的观察，可以及时了解自然环境的状态变化。蝶类作为一种寡食性昆虫，其种类及分布的变化则更具参照价值。

苏州素有"人间天堂"的美称，西山更是以风光旖旎、森林丰富而名闻中外。西山植被丰富，具有一定的海拔高度，人为干扰适中，蜜源植物尤其是果林蜜源较多，因此蝴蝶种类和数量丰富。西山在 2016 年已被选定为江苏省重点监测样线。在这天时地利人和的背景下，让我们一起走进自然，共同保护我们的美丽家园吧！

图 4-3-3　国外蝴蝶爱好者

一、概念理解

1. 蝴蝶与植物的关系不包括( )。
   A. 寄生关系　　　　B. 共生关系　　　　C. 竞争关系

2. 以下属于变温动物的是( )。
   A. 蝴蝶　　　　B. 金丝猴　　　　C. 啄木鸟　　　　D. 丹顶鹤

3. 苏州西山适宜蝴蝶生存的环境优势有( )。
   A. 植被丰富　　　B. 温差变化大　　　C. 人为干扰少　　　D. 果林蜜源较多

4. 蝴蝶的越冬方式不包括( )。
   A. 成虫　　　　B. 低龄幼虫　　　　C. 蛹　　　　D. 老熟幼虫

5. 除蝴蝶外，还有哪种生物可用于监测气候变化( )。
   A. 地衣　　　　B. 跳虫　　　　C. 鸟类　　　　D. 扬子鳄

二、创客空间

蝴蝶的价值不仅体现为生态价值（用于监测环境和生物防治等），还体现在其具有一定的工艺价值（邮票、艺术品的设计等）和仿生价值（人造地球卫星自动控温系统等）。你能否以蝴蝶为创作元素，设计一款生活用品。

1890年，夏威夷发行了世界上最早的准蝶邮票，在女皇肖像头顶上，有一只蝴蝶发饰。

1963年中国发行了最早的蝴蝶套票共20枚。

三、技能训练

探究温度对蝴蝶蛹羽化的影响。

1. 活动材料：蝴蝶卵15~20只（同种蝶同一时间产的卵）、饲养盒（材质相同）、寄主植物叶片、温度计、直尺、照相机等。

2. 活动观察记录表：

天数	常温	低温	高温
	卵1-5	卵6-10	卵11-15
第1天			
第2天			
第3天			
……			
备注			

3. 活动结论。

4. 活动反思。

一、概念理解

1. 以下生物属于昆虫的是（　　）。
   A. 蜘蛛　　　　　B. 蜈蚣　　　　　C. 蟹　　　　　D. 蝴蝶

2. 蝴蝶的一生所要经历的生长时期是（　　）。
   A. 卵、幼虫、成虫　B. 卵、若虫、成虫　C. 卵、幼虫、蛹和成虫　D. 卵、若虫、蛹和成虫

3. 斐豹蛱蝶的寄主植物是（　　）。
   A. 醋浆草　　　　B. 香樟　　　　　C. 三色堇　　　　D. 红叶石楠

4. 以下图片中的生物不属于蝴蝶的是（　　）。

　　A　　　　　　　　B　　　　　　　　C　　　　　　　　D

5. 蝴蝶都以卵或蛹的方式越冬。（　　）
6. 蝴蝶都是以植物的幼叶为食的。（　　）

二、科学思维

1. 蝴蝶，因其对环境变化的敏感性以及它们与植物之间相互依存的关系，而成为监测环境的重要指示动物。是不是只有蝴蝶才能作为监测环境的指示昆虫？如果不是，你还知道哪些昆虫可以监测环境？

2. 城市绿化是建设生态城市的一个重要环节，然而，人工植被丰富的区域，其蝴蝶种类并不丰富。有人提议：为了保护蝴蝶，应该多保留一些原生态环境下生存的植物，少种植那些整齐划一的园林苗木。你认为这种提议是否合理？我们该如何平衡城市绿化与保护生物之间的关系？

三、科学实践

　　经过本章内容的学习，相信你也想成为一名优秀的"蝶报员"吧。"蝶报"工作需要大量的科学数据，因此，我们需要让更多的人了解蝴蝶监测这项活动，并为我们提供更多有效的监测数据。你认为可以通过哪些途径或方式宣传蝴蝶监测活动呢？和同伴们一起交流探讨，把你们的设想大胆地分享出来吧！

第 5 章 桑·蚕·文化
——江浙地区蚕桑栽培、饲养及丝绸文化

瓷器和丝绸,是中国曾经给世界的两张名片。悠悠五千年,中华儿女对桑蚕文化的喜爱是印在骨子里的,对丝绸的记忆从未因岁月的流逝而褪色,至今芳华依旧。从嫘祖教民习蚕,到张骞出使西域开辟丝绸之路,桑蚕与丝绸文化源远流长。

世人皆知苏州园林甲天下,其实,苏州还是世界闻名的丝绸之乡。苏州历来四季分明,雨水充足,地势平坦,土壤肥沃,适合种桑养蚕。其地理位置靠海且沿长江,陆上交通和水运都很发达,有利于丝绸商品的流通。"丝绸之路"的最原始起点,就在杭嘉湖平原的桑田间。"采桑复采桑,蚕长桑叶齐""桑葚紫来蚕务急,带晓采桑桑叶湿""春蚕不应老,昼夜常怀丝"。自古以来,文人雅士都喜欢吟桑咏蚕,绘蚕农织女,唱缫丝织绸。明代沈明臣在《语儿溪》中写道:"春风来过御儿溪,野雉低飞麦浪齐。一片桑麻天气绿,养蚕时节鹧鸪啼。"

内容提要
* 桑的生物学分类地位
* 桑的生物学特性
* 丝绸文化

本章学习意义
精美的丝绸连接着东西方贸易之路,苏州人杰地灵,植桑、养蚕、缫丝、织绸,丝绸产品通过丝绸之路远销海外。学习本单元,你将了解到苏州的桑蚕文化,提升科学精神,积淀人文底蕴。

那么,你曾经栽过桑,养过蚕,使用过丝绸制品吗?你了解缫丝与刺绣等工艺吗?你品尝过桑果酒等特色美食吗?你食用过蚕蛹、虫草等滋补佳品吗?

通过本章的学习,你将体会到历史悠久的苏州桑蚕文化。在苏州,"丝绸之旅"只是一个开始,生活在苏州,"丝绸生活"才是梦想和远方。

第 1 节　陌上柔桑破嫩芽

——桑

学习目标

了解　桑的生物学分类地位
运用　根据实验数据绘制折线图
学会　自制桑葚果汁、果酒、果膏

关键词

- 桑的生物学分类地位
- 桑的生物学特性

早在世界其他民族认识丝绸制品之前，中国人就已经与西方的民族进行丝绸的贸易往来了。苏州织造出的精美绸缎，作为国际贸易的商品，通过海上或陆上的"丝绸之路"运到全世界。

图 5-1-1　《丝路山水地图》部分展示

一　桑的生物学分类地位

《诗·小雅·小弁》记载："维桑与梓，必恭敬止。靡瞻匪父，靡依匪母。"意思是子女见了桑梓容易引起对父母的怀念，所以起恭敬之心，后世即以桑梓作为家乡的代称。

艺术鉴赏

蚕吐丝，蜂酿蜜。
人不学，不如物。

——《三字经》

第 5 章 桑·蚕·文化
——江浙地区蚕桑栽培、饲养及丝绸文化

图 5-1-2 不同时期的桑

桑属桑科，是落叶乔木或灌木，高 3～10 米或更高，树体富含乳浆，树皮厚，灰色，具不规则浅纵裂。原产于中国中部和北部，中国东北至西南各省区、西北直至新疆均有栽培。朝鲜、日本、蒙古、中亚各国、俄罗斯、欧洲等地以及印度、越南亦有栽培。其叶为桑蚕饲料。木材可制器具，枝条可编箩筐，桑皮可做造纸原料，桑葚可供食用、酿酒，叶、果、根和皮可入药。

桑叶卵形至广卵形，长 5～15 厘米，宽 5～12 厘米，先端急尖、渐尖或圆钝，叶基圆形或浅心脏形，边缘有粗锯齿，有时有不规则的分裂。叶面无毛，表面鲜绿色，有光泽，叶背脉上有疏毛。

桑，雌雄异株，5 月开花，柔荑花序。花单性，腋生或生于芽鳞腋内，与叶同时生出。雄花序下垂，长 2～3.5 厘米，密被白色柔毛，花被片宽，椭圆形，淡绿色，花丝在芽时内折，花药 2 室，球形至肾形，纵裂。雌花序长 1～2 厘米，被毛，总花梗长 5～10 毫米，被柔毛，雌花无梗，花被片倒卵形，顶端圆钝，外面和边缘被毛，两侧紧抱子房，无花柱，柱头 2 裂，内面有乳头状突起。果熟期 6～7 月，聚花果，卵圆形或圆柱形，长 1～2.5 厘米，黑紫色或白色。

桑喜光，幼时稍耐阴。喜温暖湿润气候，耐寒。耐干旱，耐水湿能力强。

二 桑的生物学特性

桑叶用于养蚕，如何提高光合作用总产量是科研人员一直要解决的与人类社会和生活息息相关的问题，而提高光合作用总产量的

探究技能

尝试分类检索

和同学们一起检索一下桑的生物学分类地位，完成下列表格。

表 5-1-1 桑的生物学分类地位

分类单位	桑
界	植物界
门	
纲	
目	
科	桑科
属	桑属
种	桑

科学思维

花序

花序是花序轴及其着生在上面的花的通称，也可以特指花在花轴上不同形式的序列。

比较柳和桑的花序。

请你写一首小诗或散文，赞美桑的叶、花、果实，宣传桑蚕文化。

实践活动

用红外线CO_2传感器测装置中CO_2浓度的变化。

图5-1-3 二氧化碳传感器

科学思维

光合速率常见的测定方法有哪些呢？

技能训练

折线图

你可以用折线图来分析光照强度和光合作用速率之间是否存在着联系。折线图能用来显示某一变量（因变量）是如何随着另一变量（自变量）而变化的。当自变量是连续性数据时，才能用折线图。

关键是提高光合作用速率，简称"光合速率"。

由于CO_2对红外线有较强的吸收能力，CO_2的多少与红外线的降低量之间有线性关系，因此CO_2含量的变化可灵敏地反应在检测仪上，常用红外线CO_2传感器来测量CO_2浓度的变化。

探究·实践

探究光照强度对桑叶光合作用速率的影响

活动目的

通过仪器设备测得数据，理解光照对桑树叶光合作用速率的影响。

实验材料

可调节光强度的台灯、传感器、数据收集仪、大锥形瓶（有孔橡皮塞）等。

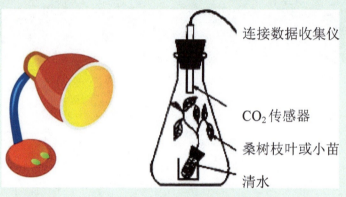

图5-1-4 光照强度对桑叶光合作用速率影响的实验装置

实验步骤

1. 将CO_2传感器与数据收集仪相连接。
2. 如图5-1-4所示，连接装置实验仪器，把台灯打开。
3. 将装置静置5分钟，让植物适应。然后，小心地拔走连接传感器的橡皮管，释放锥形瓶内压力，再重新连接橡皮管。
4. 在强光、中度光和暗光下记录10分钟的数据。
5. 用铝箔纸包裹锥形瓶（模拟黑暗情况），记录10分钟的数据。
6. 比较上述收集到的数据，分析实验结果。

解释数据

请根据你们小组收集到的数据，绘制折线图。

探究·实践

提取和分离桑叶中的色素

活动目的

学习提取和分离叶片中色素的方法。

探究·实践

实验材料

1. 材料：新鲜的桑叶。
2. 用具：尼龙布，棉塞，试管，试管架，研钵，玻璃漏斗，毛细吸管，剪刀，药匙，天平，10毫升量筒，铅笔，直尺，定性滤纸。
3. 试剂及其他药品：无水乙醇，层析液，二氧化硅，碳酸钙。

实验步骤

1. 提取桑叶色素。用天平称取5克桑叶片，剪碎，放入研钵中，加入少许二氧化硅和碳酸钙，再加入10毫升无水乙醇，迅速、充分研磨，过滤。将研磨液倒入漏斗过滤，并收集滤液，及时用棉塞塞严盛有滤液的试管。
2. 制备滤条。将干燥的定性滤纸剪成长与宽略小于试管长与宽的滤纸条，将滤纸条一端剪去两角，在此端距顶端1厘米处用铅笔画一条细横线。
3. 画滤液细线。用毛细吸管吸取少量滤液，沿铅笔线均匀画细线（也可用玻片较短那一端的边缘蘸取滤液后，印在滤纸条上）。待滤液线干后，重复画线一两次。
4. 分离色素。将适量的层析液倒入试管，将滤纸条画线一端朝下，轻轻插入层析液中，迅速塞紧试管口。
5. 观察、记录。待层析液上缘扩散至接近滤纸条顶端时，将滤纸条取出，风干。观察滤纸条上所出现的色素带及其颜色，并做好记录。

注意事项

1. 应选择绿色较深、光合色素含量较高的桑树叶片作为实验材料，以便使滤液中色素浓度较高。
2. 画滤液细线时，要迅速，并要等滤液接近干时，再重复画线，以防滤液扩散开，导致滤液线过宽，影响分离效果。
3. 将滤纸条插入层析液中时，要避免滤液细线直接触及层析液。试管中的层析液高度不要接近或超过滤液细线所处的高度，可灵活把握层析液的用量。

层析液不能触及滤液线
防止色素溶解在层析液中

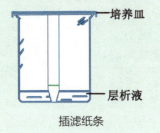

插滤纸条

知识链接

提取色素：色素易溶于有机溶剂，不溶于水，所以可用无水乙醇提取色素。

分离色素：不同种色素在层析液中的溶解度不同，从而使各种色素分离开。

技能训练

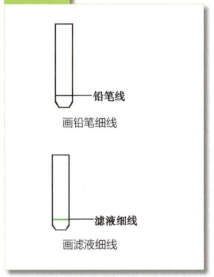

知识链接

扩散速度与色素在层析液中的溶解度的关系：

溶解度越大，扩散速度越快；
溶解度越小，扩散速度越慢。

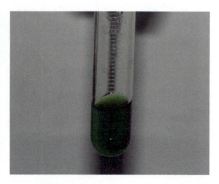

图 5-1-5　提取桑叶色素

花青素属于黄酮类物质，而黄酮物质最主要的生理功能是自由基清除能力和抗氧化能力。研究表明：花青素是当今人类已发现的最有效的抗氧化剂，也是最强效的自由基清除剂，花青素的抗氧化性能比 V_E 高 50 倍，比 V_C 高 20 倍。

桑葚（sāng shèn），又作桑椹，桑树的成熟果实。桑葚所含花青素色价高、抗氧化能力强，是一种理想的营养强化剂和着色剂。桑葚最大的加工品为桑葚汁。为了去除生长过程和收获环节原料沾带的杂质及微生物，桑葚汁加工前需对原料进行有效清洗。花青素极易溶于水，更易溶于乙醇等亲水有机溶剂，因此，桑葚清洗水呈浓重的紫黑色，表明桑葚果实中的一部分花青素已溶于清洗水。在以往的研究中发现，盐酸、柠檬酸等溶液对花青素具有一定的保护作用。由于桑葚汁加工中原料需经历灭酶、浓缩、杀菌等诸多强热处理以及冗长的加工过程，产品中的花青素损失、劣化严重。如能在热处理以前的清洗过程提取、分离出部分花青素，就避免了有效成分的破坏，而且又可获得高品质的副产品，可使桑葚资源获得合理、充分的利用。

依据加工流程，设想在不影响主产品产量和品质的前提下，通过冻干花青素在 0℃ 以下提取花青素，即在桑葚冻结的状态下进行。在真空条件下，当水蒸气直接升华出来后，浆果和活性物质剩留在冻结时的冰架中，形成类似海绵状疏松多孔架构，因此它干燥后体积大小几乎不变。保持生物活性，可分离出高品质花青素。

知识链接

花青素分子式：$C_{15}H_{11}O_6$

分子量：287.246

结构如下：

R_3'	R_5'	名称
H	OH	矢车菊色素
OCH₃	H	芍药色素
H	H	天竺葵色素
OCH₃	OCH₃	锦葵色素
OH	OH	飞燕草色素
OCH₃	OH	牵牛花色素

图 5-1-6　花青素结构

图 5-1-7　花青素在不同 pH 时显现的颜色

花青素在酸性溶液中呈红色，其颜色的深浅与花青素的浓度成正比。

尝试设计一个实验，粗略测定不同成熟程度的桑葚果实中花青素的含量。

探究·实践

鉴定桑葚中的花青素

活动目的

学习花青素的提取及测定方法。

实验材料

不同成熟程度的桑葚果实、分光光度计、电子天平、水果刀、50mL 具塞三角瓶、25mL 容量瓶、0.1mol·L^{-1} 的盐酸乙醇溶液（8.3mL 浓盐酸用 95% 乙醇稀释成 1L）等。

实验步骤

1. 花青素的提取。使用电子天平称出 0.1g 不同成熟程度的桑葚果实，分别放在编号为 1、2 的三角瓶中，加 10mL 盐酸乙醇溶液，在 60℃水浴中加 10mL 提取液浸提 30min，把溶液倒入 25mL 容量瓶中，再加 5mL 提取液浸提 15min，把溶液倒入 25mL 容量瓶中，再加 5mL 提取液浸提 15min，把溶液倒入 25mL 容量瓶中，共浸提 1h，最后定溶到 25mL。
2. 测定。以 0.1mol·L^{-1} 的盐酸乙醇溶液做参比液，使用分光光度计测定提取液在 530nm、620nm、650nm 波长下的光密度值。

解释数据

表 5-1-2　实验数据记录

	OD_{530}	OD_{620}	OD_{650}
样品1			
样品2			

依据公式

1. 计算花青素的光密度值

   $OD_\lambda = (OD_{530} - OD_{620}) - 0.1(OD_{650} - OD_{620})$

2. 计算花青素含量

   花青素含量（nmol/g）$= \dfrac{OD_\lambda}{\varepsilon} \times \dfrac{V}{m} \times 1\,000\,000$

OD_λ：花青素在 530nm 波长下的光密度

ε：花青素摩尔消光系数 4.62×10^4

v：提取液总体积（mL）

m：取样质量（g）

知识链接

花青素酸性溶液的吸收高峰波长是 530nm，摩尔消光系数为 4.62×10^4，故可用分光光度法测定其含量。但是，一些提取液中常有叶绿素存在，会干扰测定。因此，需同时测定提取液在 620nm（可溶性糖）和 650nm（叶绿素的吸收值）波长下的光密度值，并用公式准确计算出花青素的光密度值，从而计算出花青素的含量。

图 5-1-8　电子天平

图 5-1-9 分光光度计

探究·实践

1 000 000：计算结果换算成 nmol 的倍数

注意事项

1. 严格按照实验要求操作，在提取过程中谨慎小心，以免造成液滴溅出，用盐酸乙醇反复清洗三角瓶并转移至容量瓶中，保证实验的准确性。

2. 使用分光光度计时，要提前半小时开启预热，排气，提高实验结果的准确性。

知识链接

在植物细胞液泡不同的 pH 条件下，花瓣呈现五彩缤纷的颜色。在酸性条件下呈红色，其颜色的深浅与花青素的含量呈正相关性，可用分光光度计快速测定；在碱性条件下呈蓝色。花青素的颜色受许多因子的影响，低温、缺氧和缺磷等不良环境也会促进花青素的形成和积累。

现有资料表明，花青素有 20 余种，在植物中常见的有 6 种，即天竺葵色素、矢车菊色素、飞燕草色素、芍药色素、牵牛花色素和锦葵色素。在自然状态下，花青素在植物体内常与一个或多个葡萄糖、鼠李糖、半乳糖、阿拉伯糖、木糖等形成糖苷，称为花色苷。

桑葚有清虚热、护肝养肾、利水消肿、安神解酒、养血乌发、延缓衰老等功效。

同学们，一起来动手制作桑葚果汁吧！

创客空间

制作桑葚果汁

活动目的

学习制作桑葚果汁。

实验材料

成熟桑葚、碗、沥水篮、榨汁机、过滤网、食盐、清水、冷开水。

实验步骤

1. 把桑葚清洗干净，选取新鲜的桑葚食材。在挑选桑葚的时候，以黑中透亮、个大、颗粒饱满、肉厚、色紫黑、没有出水、口味酸甜适中、糖分足者为佳。

2. 在容器内放入适量清水和食盐，搅拌均匀。水量没过桑葚果实，浸泡 30 分钟。

3. 再次洗净、沥干。

4. 准备好榨汁机。根据口味加入适量蜂蜜和冷开水，搅拌均匀后，开启榨汁机电源。

5. 可以直接饮用，口感中有果粒；也可以过滤后饮用，口感更顺滑。

拓展应用

制作了桑葚果汁，你还可以尝试制作桑葚酒和桑葚膏。

第5章 桑·蚕·文化
——江浙地区蚕桑栽培、饲养及丝绸文化

创客空间

图 5-1-10　成熟的桑葚果实　　图 5-1-11　桑葚果汁

图 5-1-12　桑葚酒　　图 5-1-13　桑葚膏

> **科学思维**
>
> 你有更好的方法来最大程度保护成品中的花青素吗?
>
> 桑葚果汁制作完成后,邀请你的同学品尝,改善口感。

> **科学思维**
>
> 你还知道哪些桑葚加工品呢?和大家一起分享吧!

辛弃疾在《鹧鸪天·陌上柔桑破嫩芽》中写道:"陌上柔桑破嫩芽,东邻蚕种已生些。"桑树享受着阳光雨露的滋润哺育,产出的桑叶喂养了一批又一批的蚕。当我们穿上轻柔的丝绸衣服时,应想到,这其中流淌着桑的汁液,蕴含着阳光的能量,是大自然的馈赠。

一、概念理解

1. 在圆形滤纸的中央，滴上叶绿体的色素滤液进行色素分离，可以看到近似同心的四圈色素环，排在最外圈的色素是（　　）。

  A. 橙黄色的胡萝卜素　　B. 黄色的叶黄素　　C. 蓝绿素的叶绿素 a　　D. 黄绿色的叶绿素 b

2. 绿色开花植物一般都有六大器官，桑树的根有（　　）功能，叶进行光合作用产生（　　）。

  A. 固定，二氧化碳　　B. 吸水，有机物　　C. 繁殖，氧气　　D. 繁殖，有机物

3. 花青素可以作为酸碱指示剂，pH 越（　　），颜色呈现越（　　），花青素的颜色受许多因子的影响。

  A. 大，红　　B. 偏碱性，红　　C. 小，蓝紫　　D. 偏酸性，红

二、技能训练

1. 根据桑的生物学分类地位可以看出，桑共有 _____ 个基本的分类单位，从大到小依次是 _____、_____、_____、_____、_____、_____、_____。

2. 光照强度对桑叶光合作用速率会有影响，其中自变量是 _____，因变量是 _____。当自变量是连续性数据时，你可以用 _____ 图来分析光照强度和光合作用速率之间是否存在着联系。

三、创客空间

  你已经学会制作桑葚果汁了。取用一小部分果汁，对照 pH 色别表或比色卡尽可能尝试，使桑葚汁显示出渐变的颜色效果。如果你使用的都是可食用材料的话，就可以自制彩虹饮料啦！

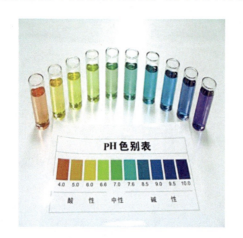

第 2 节　四眠蜕皮方有茧
——蚕

桑蚕起源于中国，早在四五千年前，我们的祖先就已栽桑养蚕。蚕是举世公认的伟大发现之一。经过长期的培育和选择，野生蚕逐渐被驯化成了具有经济性状的桑蚕种。目前，我国桑蚕生产遍布20多个省份。

学习目标

了解　蚕的生物学分类地位
观察　蚕的完全变态发育过程
探索　设计实验，探究激素对蚕的影响

关键词

- 蚕的生物学分类地位
- 蚕的生物学特性

一　蚕的生物学分类地位

蚕，是鳞翅目的昆虫，丝绸的主要原料来源，在人类经济生活及文化历史上占有重要地位。原产于中国，在华南地区及台湾地区俗称"蚕宝宝"或"娘仔"。

桑蚕由古代栖息于桑树的原始蚕驯化而来，形态和习性与今天食害桑叶的野桑蚕十分相似，血清沉淀反应强度也相同，杂交能产生正常子代。桑蚕的染色体是28对，野桑蚕则有27对和28对两种类型，一般认为桑蚕与中国的28对型野桑蚕同源。人类最初可能是从桑林中采集原始野生蚕茧取丝利用，随着生活的安定和对蚕丝用途的进一步了解，才开始试行在室内养蚕。

技能训练

检索一下桑蚕的生物学分类地位，并根据桑蚕的生物学特征，和同学们一起尝试编制桑蚕的分类检索表。

图 5-2-1　蚕吐丝结茧示意图

二 蚕的生物学特性

蚕的生命是从一个细胞——受精卵开始的。

> **科学思维**
>
> 观察蚕卵的颜色和形状，测量其大小。
>
> 除此之外，还有什么发现？

探究·实践

观察蚕的一生

这个活动贯穿整节内容，让我们一边学习一边养蚕吧！尝试完成"蚕的孵化记录表"。

图 5-2-2 用直尺测量蚕卵的直径

图 5-2-3 不同颜色的蚕卵

图 5-2-4 蚕卵

表 5-2-1 蚕的孵化记录表

日期	气温	蚕卵的变化	我的发现

注意事项

如果天气干燥，可以在蚕卵上洒些水。

图 5-2-5 蚕卵与米粒大小对比图

蚕卵呈扁平的椭圆形，一端稍尖，一端略钝。蚕卵的颜色有淡黄色，还有赤色、紫灰色。卵壳一般无色透明，表面布满通气道。蚕卵长得很小，一元硬币上面大约可以容纳四五百个蚕卵。刚刚生下来的蚕卵是淡黄色的，即将孵化的蚕卵呈紫黑色。

蚕从蚕卵中孵化出来时，身体的颜色是褐色或赤褐色的，极细小，布满细毛，样子有点像蚂蚁，所以习惯上称为"蚁蚕"。蚁蚕长约 3

毫米，体宽约 0.5 毫米。刚出壳的蚁蚕会大口吃掉极有营养的卵壳，然后又去找食，2~3 小时后就会进食桑叶了。

科学思维

刚出壳的蚁蚕为什么要吃掉卵壳呢？

图 5-2-6　蚁蚕

蚁蚕食用桑叶一段时间后会停止进食，昂起头一动不动，进入眠期。

图 5-2-7　眠中的蚕

科学思维

蚕为什么要蜕皮呢？

眠中的蚕，外表看似静止不动，体内却进行着蜕皮的准备，蜕去旧皮之后，蚕的生长就进入一个新的龄期，从蚁蚕到吐丝结茧共蜕皮 4 次。具有眠性是蚕的生长特征之一，眠性是蚕的遗传性状，同时也受环境的影响。目前，我国饲养的蚕大多属于四眠性品种。

知识链接

蚕龄

蚕龄又称龄期，龄期是指昆虫幼虫在连续两次蜕皮之间所经历的时间，表示蚕处于某一个发育阶段。从蚁蚕到第一次蜕皮为第一龄；眠起后进入第二龄；再次蜕皮后进入第三龄；第三次蜕皮后进入第四龄；第四次蜕皮又称大眠；大眠后就进入第五龄，五龄的蚕宝宝长得极快，体长可达6~7厘米，体重可达蚁蚕重量的1万倍左右。

探究·实践

每天有规律地观察、测量蚕的生长变化情况，并记录下来。也可以采用拍照、画图、写观察日记、绘制身长与体重变化折线图、制作标本模型等方式记录蚕的生长变化。

图5-2-8 测量蚕的身长

图5-2-9 不同龄期的蚕

知识链接

蚕砂

蚕砂又名蚕沙，黑色固体状，是桑蚕消化后的纤维，呈坚硬的块状，是家蚕的干燥粪便。民间用蚕砂做枕芯的填充物，有清肝明目之功效。

图5-2-10 蚕砂

表5-2-2 蚕的生长变化记录表

日期	体长（mm）	吃食情况	排便情况	活动情况

图 5-2-11　蜕皮中的蚕

技能训练

尝试标出蚕体的各部分结构。

图 5-2-13　蚕体结构

图 5-2-12　蚕蜕

蚕蜕皮时头部先钻出来，这是最困难的，费时也较长。一般头部钻出时口器会随之脱落，新口器颜色较淡。之后，蚕宝宝努力向前钻，胸足一只只露出来，是淡青色的，胸足出来后，蚕宝宝会借助胸足的力量，抓附物体向前爬行，腹足一只只钻出，一直到尾部也从旧皮中钻出来。蚕蜕下的皮很完整，是软的，蚕蜕也是一种中药材。蚕蜕皮后很久不食桑叶，等口器颜色变深才开始吃桑叶。

蚕从蚁蚕到吐丝作茧要经过 30 多天，有 4 次眠期，蜕 4 次皮，每次蜕皮后便长大一点。蚁蚕要经历 4 次蜕皮后才成长为五龄蚕，每一次蜕皮的时间相隔 7 天左右。第四次蜕皮又称大眠，蜕皮 4 次的蚕就是五龄蚕。五龄蚕的长度大概有手指长短，约手指一半粗。

蚕已经渐渐长得又大又壮了，让我们来仔细观察它。

科学思维

蚕蜕下来的是什么呢？

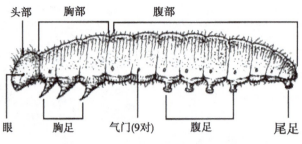

图 5-2-14 蚕幼虫外形结构示意图

蚕的身体有 13 节，蚕的身上有 8 对足，分别是胸足 3 对（1～3 节），腹足 4 对（6～9 节），尾足 1 对（13 节）。第五环节上的背面是半月形斑纹（四龄蚕后最明显）。蚕背上的尾角在第 11 节，蚕的身体侧面有两排小黑点，那是用来通气的，叫作气门，共有 9 对。

科学思维

大家观察到蚕的口器两边各有 6 个小黑点吗？是什么结构？有什么作用呢？

放在玻璃板上，从侧面或下面观察。

放入指管中，观察足的构造。

图 5-2-15 观察口器　　图 5-2-16 观察蚕的运动方式

探究·实践

探究激素对蚕的影响

活动目的

了解动物生命活动受激素调节，学习利用保幼激素、蜕皮激素养蚕，以增加蚕丝产量。

实验材料

桑蚕、桑叶、注射器、喷雾器、蚕匾、蚕簇、保幼激素、蜕皮激素、蒸馏水等。

实验步骤

1. 按照市场供应的保幼激素和蜕皮激素的用量说明，加蒸馏水将它们稀释到所需浓度。

2. 把五龄中期蚕分为 3 组，分别为保幼激素组、蜕皮激素组和对照组。

3. 对保幼激素组的五龄中期蚕，当其将蚕匾内的桑叶基本吃完后，暂停给叶，用喷雾器把刚配置好的保幼激素稀释液直接喷洒在蚕体上。

知识链接

保幼激素是一类保持昆虫幼虫性状的激素，能抑制成虫特征的出现。

探究·实践

4. 蜕皮激素组的五龄中期蚕在食桑的第7~8天，部分蚕表现出食欲下降、体躯缩小的特征，并且排出绿色软粪，胸部透明，前半身昂起并做前后左右摆动等即将上蔟结茧的动作。这时，可以把已经配置好的蜕皮激素稀释液按比例均匀地喷洒在桑叶上，用这种桑叶喂蚕，等它们吃完后仍给普通桑叶，直到上蔟。

5. 给对照组的五龄中期蚕喷雾蒸馏水。

注意事项

喷雾液体要等量，喷雾时要求雾点细小，喷雾均匀，以蚕体被喷湿为适度，不能在蚕体上形成大的液滴。

科学思考

哪组蚕上蔟推迟，所结茧的茧层较厚？

五龄蚕不久就会吐丝结茧了，在这段时间千万不要碰它，不然会使蚕受到惊吓，导致无法吐丝。因为五龄蚕结茧时不吃桑叶，所以尽可能不要去触碰它，也不要发出响声惊扰它。

图 5-2-17　熟蚕

图 5-2-18　吐丝方式

知识链接

熟蚕

蚕到了五龄末期，就逐渐体现出老熟的特征：先是排出的粪便由硬变软，由墨绿色变成叶绿色；食欲减退，食桑量下降；胸部呈透明状；继而完全停食，躯体缩短，腹部也趋向透明，蚕体头胸部昂起，口吐丝缕，左右上下摆动寻找营茧场所。这样的蚕就称为熟蚕。

五龄蚕需要经历2天2夜的时间才能结成一个茧。经过4天左右，茧内的蚕会蜕变成一个蛹。再经历12天左右的时间羽化成蚕蛾。这时候，它的口中会吐出含酶的液体，将蚕茧化开。破茧而出成为蚕蛾之后，雌蚕的尾部会发出一种气味引来雄蛾交尾。交尾后，雄蛾就会死亡。雌蛾大约花一个晚上时间产出大约500个蚕卵，之后也会慢慢地死去。

图 5-2-19　蚕茧

图 5-2-20　蚕蛾交尾

图 5-2-21　茧内的蛹　　　　图 5-2-22　蚕蛾产卵

科学思维

在茧内，蛹边上还有残留，猜测一下，可能是什么？

探究·实践

观察蚕的一生

这个活动贯穿整节内容，经过养蚕，你已经可以独立尝试完成"蚕的一生"记录表了。

请你尝试手绘蚕的一生。重点比较蚕、蛹、蚕蛾之间的异同。

图 5-2-23　比较蚕、蛹（示意腹面、侧面）和蚕蛾的异同

表 5-2-3　蚕的一生

	外形特征	行动	食物	时间（天）
受精卵				
蚕				
蛹				
蚕蛾				
共计多少天				

知识链接

蚕蛹

蚕吐丝结茧后经过4天左右，就会变成蛹。蚕蛹的体型像一个纺锤，分头、胸、腹3个体节。头部长有复眼和触角，胸部长有足和翅，鼓鼓的腹部可以明显看到气门。蚕刚化蛹时，体色是淡黄色的，蛹体嫩软，渐渐地就会变成黄色、黄褐色或褐色，蛹皮也硬起来了。经过大约12~15天，当蛹体又开始变软，蛹皮有点起皱并呈土褐蚕茧色时，它就将变成蛾了。蚕蛹可以吃，有丰富的营养。

探究·实践

蚕丝中蛋白质的鉴定

尝试设计一个实验，用以鉴定蚕丝中的蛋白质。

方法一：对物体进行灼烧，看是否能闻到烧焦的羽毛味，如果可以闻到烧焦的羽毛味，那么证明有蛋白质的存在。

方法二：蛋白质和浓硝酸会产生化学反应，如果某物体在浓硝酸中能够变性产生黄色不溶性物质，那么该物体是蛋白质。

方法三：把含有蛋白质的物体磨成浆，然后过滤，取滤液进

探究·实践

行测试。可以先在滤液中加氢氧化钠，再加入双缩脲试剂，如果出现紫色反应，该物体中就含有蛋白质。

方法四：通过质谱仪对肽质量指纹图谱与蛋白质数据库中的蛋白质进行比对，从而鉴定蛋白质。

方法五：通过图谱仪对蛋白质进行图像分析，包括对一些斑点的检测、背景消减、斑点的配比以及数据库构建，从而分析鉴定出蛋白质。

> **科学思维**
>
> 你还知道哪些鉴定蚕丝蛋白的方法吗？

创客空间

蚕的食用和药用

请你根据"功能与主治""用法与用量"来找找与之药用匹配的对象，并填写在表中（备选对象：蚕蛹、白僵蚕、蚕蜕、蚕蛹虫草、蚕茧、蚕砂）。你还知道哪些关于蚕的食用和药用的知识吗？与大家分享吧！

表5-2-4 蚕的食用与药用价值

药用	功能与主治	用法与用量
蚕蛹	生津止渴，消食理气，用于消渴、消瘦、小儿疳积	3~15克，炒用或生用，民间常油炸食用
	有清肝明目之效	民间用作枕芯的填充物
	祛风解痉，化痰散结	煎汤，7.5~15克，或入丸、散或研末撒或调敷
	治崩漏、带下、痢疾、吐血、衄血、便血、牙疳、口疮、堠风、目翳	煅存性，作散剂或研末撒
	止血药	煎汤1~3钱，或入散剂或研末撒或调敷
	含虫草素、甘露醇、SOD等	与冬虫夏草相媲美

同学们，你们愿意一起动手来培育蚕蛹虫草吗？

冬虫夏草，是一种名贵的药材，为冬虫夏草菌寄生在蝙蝠蛾科昆虫幼虫上的子座及幼虫尸体的复合体，具有补肾益肺、止血化痰的功效，主治阳痿遗精、腰膝酸痛、久咳虚喘、劳嗽痰血。

桑蚕蛹虫草是指在人工控制的条件下，将桑蚕蛹虫草菌种接种到鲜活桑蚕蛹体内，虫草菌以鲜活桑蚕蛹为培养基，从而实现活体培养、虫菌共生，这是模拟冬虫夏草的形成过程而培养出的一种食用菌。

> **知识链接**
>
> 白僵蚕，中药材名。蚕蛾科昆虫家蚕蛾的幼虫感染白僵菌而僵死的干燥全虫。收集病死的僵蚕，倒入石灰中拌匀，吸去水分，晒干或焙干，可以做药用。

知识链接

冬虫夏草别称冬虫草，是冬虫夏草菌和蝙蝠蛾科幼虫的复合体。冬虫夏草功效众多，是由虫草菌寄生于高山草甸土中的蝠蛾幼虫，使幼虫身躯僵化，并在适宜条件下，于夏季由僵虫头端生长出冬虫夏草菌的子实体而形成的复合体。其主要活性成分是虫草素，冬虫夏草的功效主要有调节免疫系统、抗肿瘤、抗疲劳、补肺益肾、止血化痰等。其食用方法有打粉、泡酒、泡水等。在我国，冬虫夏草主要产于青海、西藏、四川、云南、甘肃的高寒地带和雪山草原。全球仅分布在中国、印度、尼泊尔、不丹4个国家。

图 5-2-24　桑蚕蛹虫草

知识链接

虫草≠冬虫夏草

冬虫夏草产量十分有限，且呈逐年下降的趋势，而人工培育，还处在实验室的实验阶段。要说虫草的话，概念太广，有400多种，冬虫夏草只是其中之一。

图 5-2-25　冬虫夏草

蚕的一生经历了蜕皮长大、成蛹及羽化的过程。它吃的是桑叶，吐出来的是丝。它全身都是宝，合理利用，可以造福人类。

一、概念理解

1. 蚕幼体进食时，（　　）对胸足会固定住桑叶，发出"沙沙沙沙"的咀嚼声，蚕使用（　　）式口器进食桑叶。

   A. 3，刺吸　　　　　B. 7，咀嚼　　　　　C. 8，舐吸　　　　　D. 3，咀嚼

2. 蚕蜕有药用价值，它是蚕生长过程中蜕下的（　　），它（　　）随着身体的生长而生长。

   A. 表皮，会　　　　B. 外骨骼，会　　　　C. 表皮，不会　　　　D. 外骨骼，不会

3. 蚕的幼体用气门与外界通气，它用（　　）呼吸；同样，身体柔软的蚯蚓用（　　）呼吸。

   A. 气管，体壁　　　B. 气门，体壁　　　　C. 气管，鳃　　　　　D. 气门，鳃

二、技能训练

1. 蚕的幼虫与成虫在形态和生活习性上有哪些主要区别？你观察到两者的相似点了吗？

2. 剪开茧，可以看到茧内蛹边上还有残留，猜测一下，可能是什么？你这样推测的依据是什么？

三、思维拓展

小小一条蚕，食桑叶，吐蚕丝，结茧以后可以缫丝制作丝织品。蚕农需要不分昼夜地照顾蚕，全天候地每4小时喂食一次新鲜桑叶。这是一项相当艰苦的工作。一条蚕一生大约要吃掉相当于自身体重20倍的桑叶。现在蚕农喂养了4 800条蚕，大概需要100棵桑树提供桑叶。

（1）如果蚕农想要扩大养殖，再买下一块种着125棵桑树的土地，蚕农可以额外再饲养多少条蚕？

（2）蚕农可以从哪些特征上来判断蚕要吐丝了？

（3）蚕吐丝的速度是每分钟大约30.5厘米，如果这条蚕会吐出1 000米的丝完成整个茧，请问这条蚕吐丝结茧共需要几个小时？

第 3 节 煮茧缫丝成匹帛
——丝绸文化

学习目标

了解　丝绸文化
筹备　一次丝绸节

关键词

● 丝绸文化

图 5-3-1　宋锦面料

艺术鉴赏

图 5-3-2　龙蚕玉

河南三门峡虢国墓地虢仲墓出土的龙蚕形玉，其形态后半身是蚕，前半身是龙，腰身飞了只太阳鸟，又萌又威武。淮南子中有句话是"蚕为龙之精"。可以看出，几千年前的古人，将蚕和龙当作图腾来崇拜。

在古人眼里，蚕是一种神圣的动物。吐丝成茧，而后化为飞翔的精灵，这是一个美好、圆满的生命轮回。它赋予丝绸神秘、高贵的人文色彩，使之蕴涵浓厚的哲学意味。丝绸文化有着几千年的悠久历史积淀。在古代，西方称中国为"丝国"。古老的丝绸文明是中华民族的瑰宝，也是中国对世界的重大贡献，是中国联系世界的纽带。丝绸是友好的使者，历史上多以文绣锦帛作为高级礼品，礼赠友邦，"化干戈为玉帛"。丝绸文化对推动人类文明的进程，有着不可磨灭的影响。据统计，在中国国家级非物质文化遗产名录中，与蚕丝织绣相关的项目共有 77 项。

一　宋锦

宋锦，因其主要产地在苏州，又称"苏州宋锦"。"锦"是多彩提花丝织物的泛称，锦合"金""帛"成字，取"织彩为文，其价如金"之意。锦以织造技艺复杂、图案古雅、色彩瑰丽而成为中国传统丝织物中的精品。宋锦色泽华丽、图案精致、质地坚柔，堪称中国"锦绣之冠"。它与南京云锦、四川蜀锦一起，被誉为我国的三大名锦。2006 年，宋锦已被列入第一批国家级非物质文化遗产名录，传承单位为苏州丝绸博物馆，钱小萍为唯一的国家级传承人。2009 年 9 月，联合国教科文组织保护世界非物质文化遗产政府间委员会又将宋锦列入了世界非物质文化遗产名录。2014 年 11 月在北京举办的 APEC 晚宴上，参加会议的领导人及其配偶身着中国特色服装抵达现场，统一亮相，一起拍摄"全家福"。他们穿的宋锦"新中装"面料，便产自苏州吴江。

二　丝绸文化

苏州是丝绸的故乡，太湖流域留存有新、旧石器时代的遗址，见证着丝绸历史的悠久。苏州工业园区唯亭镇草鞋山出土了 6 000 年前的纺织品实物残片；吴兴钱山漾出土了 4 800 年前的丝织品实物；吴江梅堰又出土了 4 000 年前的大批纺轮和骨针，以及带有丝绞纹和蚕纹的陶。这些都说明，在古代，苏州的先辈已掌握了养蚕纺丝的技术。

体验传承

体验缫丝

活动目的

亲身体验缫丝，了解抽丝剥茧的过程，体会古代劳动人民的智慧。

实验材料

蚕茧、锅、清水、筷子、缫丝车（或纸板）。

实验步骤

1. 将茧放入清水，水满过茧，大火煮开，再小火煮3~10分钟，将煮水倒掉，另外准备一壶50℃左右的温水以及一个碗。
2. 向碗里倒入温水，放4~5个煮好的蚕茧，开始找丝头，如果初次尝试，需要多练习几次，用筷子去挑拣，沾上了丝就拉长点，或者直接绕到抽丝机上去，如果断了，说明不是丝头，需重新来过。如果找对丝头，基本一个蚕茧可抽到很薄，甚至抽完为止。
3. 将丝一圈一圈地绕在缫丝车上或纸板上，抽出来的丝是生丝，制作工艺品还需要煮丝脱胶。

艺术鉴赏

图5-3-5 汉·鎏金铜蚕邮票

1984年出土于陕西省石泉县，现藏于陕西历史博物馆。全身造型逼真，为国内首次发现。图为中国邮政发行"丝绸之路文物（一）"特种邮票之一。

图5-3-3 缫丝

5-3-4 缫丝车模型

苏州在上古时期属九州中的扬州，夏禹时就有丝织品"织贝"一类的彩色锦帛。据《史记》载，吴楚两国因争夺边界桑田，曾发生大规模的"争桑之战"，说明了蚕桑之利在当时经济上的重要地位。吴国都城就在苏州，至今还保存着与丝绸遗址有关的织里、锦帆路等地名。

苏州有专业的蚕桑学校——苏州蚕桑专科学校（最早可追溯到1897年的浙江蚕学馆）。从1918年起，学校由郑辟疆先生担任校长。至1958年又恢复大专，与中专并存，改名为苏州蚕桑专科学校。学校除教学与生活区外，有供实习的桑园80余亩。1995年，苏州蚕桑专科学校并入苏州大学。

苏州有非物质文化遗产传承单位——苏州丝绸博物馆。

苏州有著名的镇湖绣馆街。陈英华是高级工艺美术师，出生于苏州刺绣之乡。她以针代笔，以线着色，书写了苏绣的传奇。由陈英华复制出的皇家绣袍，使用了直径约0.5毫米、长约4厘米的特

艺术鉴赏

图5-3-6 沈寿绣《耶稣》像（原藏于南京博物院）

图5-3-7 苏绣博物馆藏《太白醉酒》，绣者用虚实绣，寥寥数笔就把诗仙神韵绣得惟妙惟肖

殊绣针。一根通用绣线平均要劈成16等份，每一等份即被称为"一丝"，有时甚至需要用"半丝""半半丝"。把"九五之尊"的正龙、团龙、行龙绣制到皇家服装上，需要用一种"盘金绣"法。40 000多颗米珠分配于8条龙的龙鳞上，每条大龙要用6 000～7 000颗，小的也要4 000～5 000颗。绣"行龙"，每条要用20天时间，稍大的"正龙"则要用1个月——这是典型的时间艺术、功夫艺术。陈英华带领4位绣娘、耗时6个月绣制完成，被内蒙古博物馆收藏。

知识链接

蚕丝面膜

蚕丝面膜本是用于医学界处理烫伤的仿生真皮——"蚕丝薄膜"。蚕丝蛋白由于含有对人体极具营养价值的18种氨基酸（是珍珠粉含量的10倍），属多孔性物质，透气性好，吸水性极佳，在美国和日本被广泛用作手术后的伤口敷料和烧伤创面敷料，有助于创面愈合且无刺激，被称为"人工皮肤"。

体验传承

体验剥棉兜

活动目的

亲身体验蚕丝被制作中的剥棉兜，了解从蚕茧到蚕丝被的过程，体会古代劳动人民的智慧。

实验材料

蚕茧、锅、清水、竹弓等。

蚕丝被制作的主要步骤

1. 将蚕茧入水煮透，一般水开后再煮15～40分钟，然后晾凉。
2. 用手工的方法打开蚕茧，将蚕茧做成棉兜，同时分离蚕蛹，一般是4～5个茧做一个棉兜。
3. 把棉兜通过抛物线形的竹弓撑开，一般4个棉兜逐个套在竹弓上撑开，主要目的是便于拉制蚕丝被。要求拉开受力要均，以防后期成品厚薄不均，同时清理遗留的蚕蛹。
4. 开好的棉兜，晾于阴凉通风的地方，干透后，就是制作蚕丝被的原材料。
5. 拉网。将充分晾干的棉兜通过四人组合，慢慢拉开成被芯要求的规格，要求单张网拉撑和叠加时厚薄均匀，然后一层一层叠加至要求重量，称为网叠。网叠的丝胎因为丝层之间摩擦力度大，因此成品不易移位，同时厚薄均匀，透气舒适。

拓展应用

体验了剥棉兜，你还可以尝试制作蚕丝手工皂、蚕丝面膜和茧画。

图 5-3-10　蚕丝手工皂

图 5-3-8　蚕丝被拉网

图 5-3-9　棉兜

图 5-3-11　蚕茧绘画的制作

三　科技养蚕

现在人们利用科技手段，能养出彩色的蚕，吐出彩色的丝，以满足不同的需要。

彩蚕并不是一个新的物种，只是在家蚕的基础上采用最先进的香肠式人工饲料（不用桑叶）喂养实现的样子。

彩色蚕茧是通过转变蚕的基因，让蚕吐出多种颜色的彩丝，如橙色、粉红、浅黄、浅绿、锈色。彩色蚕茧抽取的天然彩色蚕丝色泽柔和艳丽，利用这种纯天然的彩丝做成纺织品，像天然彩棉一样环保且不脱色，省去了印染工序，减轻了丝绸印染的污染。

盛泽先蚕祠是我国唯一留存的先蚕祠，属于国家级文物保护单位。

图 5-3-12　盛泽先蚕祠

　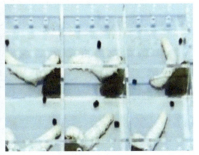

图 5-3-13　彩色蚕茧　　　图 5-3-14　蚕宝宝"秋丰白玉"

2016 年 10 月 17 日，香港学生提出的"太空养蚕"计划随着"神舟十一号"载人飞船升空，6 条"秋丰白玉"蚕宝宝随同宇航员一起进驻"天宫二号"，度过了长达 31 天的"太空之旅"。

随着现代科技的发展，已经有服装公司在一场时尚秀场上使用激光三维扫描仪、一个消费级的深度传感器，甚至一把卷尺，来生成个人的 3D 模型，来定制更合适的服装。通过科技手段定制服装，品牌服务得到提升。

丝除了被人们用来制作衣服外，还有其他很多用途。你知道在第二次世界大战期间丝曾用来做降落伞吗？你知道因为含丝的轮胎牵引力好，自行车运动员常常选择该种轮胎吗？你知道可以利用转基因技术赋予蚕和丝更多样的特质吗？例如用于精细工业等。

图 5-3-16 团扇图样 1

图 5-3-17 团扇图样 2

体验传承

3D 打印丝织品

活动目的

设计丝织品图案或者衣服小样，采集数据，编程打印出完全符合客户身型的丝织品，创意开发丝织品。

实验材料

电脑、3D 打印机及其耗材、卷尺。

创新设计

1. 选定你想设计的一种产品，如：丝巾、团扇、胸针、帽子、手套、旗袍等。

2. 采集客户身材的关键数据（部分产品无须采集，如丝巾、团扇、胸针）。

3. 根据产品特征、客户数据和客户喜好，编程完成丝织品图案或小样设计。

4. 使用 3D 打印机打印出你的设计。

图 5-3-15 3D 打印服装

千年前，蚕宝宝的祖先曾跟随中华儿女一路西行，走出一条丝绸之路。如今，它们跟着航天员飞向太空，将会开辟出一条连接星空和孩子们好奇心的"太空丝路"。丝绸遇到现代科技时将迸发出怎样的精彩呢？让我们拭目以待！

第5章 桑·蚕·文化
——江浙地区蚕桑栽培、饲养及丝绸文化

一、概念理解

1. 苏州（　　）锦、南京（　　）锦、四川（　　）锦被誉为我国的"三大名锦"。

   A. 云，宋，蜀　　　B. 宋，云，蜀　　　C. 云，蜀，宋　　　D. 宋，蜀，云

2. 2014年11月在北京召开的APEC会议晚宴上，与会领导人以及配偶身穿（　　）制作的"新中装"拍"全家福"。

   A. 纯棉　　　　　B. 云锦　　　　　　C. 蜀锦　　　　　　D. 宋锦

3. 绣品《耶稣》像，是刺绣大师（　　）的作品。

   A. 金静芬　　　　B. 陈英华　　　　　C. 沈寿　　　　　　D. 杨守玉

二、技能训练

1. 王阿姨买了一床很便宜的蚕丝被，事后担心是假冒伪劣产品，想鉴定一下。你有什么建议或方法吗？

2. 同学们对彩蚕很感兴趣，有人说"彩蚕会吐出彩色丝线，结出彩色蚕茧"。你支持饲养彩蚕吗？为什么？

三、创客空间

仔细观察蚕茧，在水中将茧软化后，找到蚕丝的丝头。拉这股蚕丝线，将其绕在一张卡片上，测量丝线的长度。和同学设计一个实验，比较你刚刚收集到的丝线和同样粗细的棉线或尼龙线的强度。

（1）提出一个关于丝线强度的假设。

（2）确认你用来检测丝线的工具。

（3）和老师一起核查你的安全计划。

一、概念理解

1. 桑在分类上属于植物界、种子植物门、（　　）纲、荨麻目，7个基本的分类单位中（　　）是最基本单位。

   A. 双子叶植物，目　　B. 单子叶植物，种　　C. 单子叶植物，目　　D. 双子叶植物，种

2. 以下关于家蚕生殖发育的顺序，正确的一项是（　　）。

   ① 蚕吐丝结茧　　② 1~5龄幼虫　　③ 雌雄蚕蛾交尾　　④ 蚕蛾羽化

   ⑤ 蚕蛾产卵　　⑥ 蚕蛹

   A. ③⑥⑤②①④　　B. ③②⑤①⑥④　　C. ⑤②①⑥④③　　D. ⑤②④③①⑥

3. 家蚕幼虫时期的口器是咀嚼式的，（　　）也具有同类型的口器。

   A. 蚊　　　　　　B. 苍蝇　　　　　　C. 蝗虫　　　　　　D. 蜜蜂

4. 本章有大量的观察实验，观察法是进行科学研究的一种方法，下列叙述中错误的一项是（　　）。

   A. 观察时要认真思考，并如实做好记录　　B. 科学观察要有明确的目的

   C. 要全面地、客观地、细致地观察　　　　D. 观察必须借助显微镜才能进行

5. 土壤中的小动物有的有足，有的无足，其中有足的又可以分为有3对足、4对足、7对足、15对以上足四类。这些有足的种类都有共同的特征：身体有外骨骼、有分节的附肢，所以它们又属于一个大的类群。上述四类有足动物共同属于（　　）。

   A. 节肢动物　　　　B. 环节动物　　　　C. 线虫动物　　　　D. 腔肠动物

二、技能训练

1. 蚕的幼体与成体有很多不同，它的发育类型称为完全变态发育。从生物与环境相适应的角度去分析，这种发育类型对蚕的幼体和成体的存活有何好处？

2. 下列哪个选项的细胞最不可能是桑的（　　），说出你的理由。

A.

B.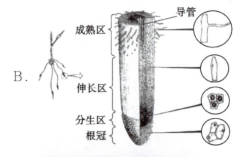

C.

D.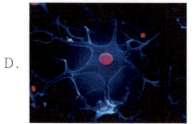

3. 小文学习本章后,联想到李商隐的诗"春蚕到死丝方尽",认为其缺乏科学性,结果引来部分同学大笑。你赞同小文的观点吗?为什么?

三、创客空间

1. 在现代,丝的用途更广,包括:

(1) 消遣:钓鱼用的丝线和网、自行车轮胎

(2) 商业:电子绝热体、打字机和计算机的打字带、医用缝合线

(3) 装饰:丝网印刷品、人造花等

分小组研究人类古时和现代对丝和丝绸的使用。策划一个有趣的方案让同学们分享你的研究,比如:

(1) 尝试丝巾图案或丝绸服装设计

(2) 手工制作蚕丝皂或蚕茧绘画

(3) 学习1~2种刺绣针法,绣出一个小样

(4) 学习丝巾使用技法和礼仪

(5) 收集关于"桑、蚕及其文化"的古文名篇

(6) 丝绸服装欣赏与表演(学生服装秀)

(7) 对蚕和丝的用途作创意开发

通过摆摊,对你们小组的创意作品,进行展览或广告宣传。在检查并预展小组的展品后,和其他小组的同学一起商讨如何筹备一次丝绸节。

2. 假定你是一位旅行于嘉峪关与阿克苏之间的商人,你从嘉峪关出发,将携带丝绸、瓷器和桂皮到阿克苏交易,换取黄金、玻璃和大蒜。请规划你的行程并雇佣一名向导。

(1) 搜索资料,确定古时的嘉峪关与阿克苏的地理位置,说明它们大约位于现代地图的何处。

(2) 使用有比例尺的地图,查出两地之间的距离及在旅途中你和商队将看到的地形特征。

(3) 请你说出你选择这条道路的理由。

(4) 列出你将要携带的牲畜及生活用品。

(5) 写一份广告,寻求一名向导来引导你的商队。